교실 안팎으로 어휘 문맹의 위기가 닥쳐왔다

몇 년 전 한 방송 프로그램에서 수업 중인 교실 풍경을 본 적이 있습니다. 선생님의 설명에 귀를 기울이는 아이들의 모습. 그러나 잠시 후,

"희미한 기적 소리를 내고 있어요."
"시 한 편을 쓴 후 먼저 가제를 지어 봅시다."

아이들은 선생님이 하시는 말씀 중 '기적'과 '가제'라는 어휘의 뜻을 전혀 몰랐습니다. 고개만 갸우뚱거리고 있습니다. 전체 아이들의 절반 이상이 모르는 분위기입니다.

요즘 학생들에게 어휘 문맹의 위기가 닥쳤다고 합니다. 선생님들은 학생들이 어휘를 몰라 수업 진행이 어렵다고 말합니다. 이런 어휘 문맹은 비단 교실 안에서만 있는 일은 아닙니다. 교실 밖에서도 아이들의 어휘력은 심각했습니다. '금일 휴업'을 보고 '금요일에 휴업을 한다'고 이해하고, '고지식하다'는 '지식이 아주 높다'라는 뜻으로 알고 있었습니다.

이제는 한자의 힘을 길러 어휘를 정복해야 할 때

아이들이 잘 모르는 어휘들을 살펴보면 대부분 '한자'로 이루어진 어휘입니다. 한자어는 우리가 사용하는 어휘의 70%를 차지하고 학습 개념어의 80% 이상을 차지하는데 그 뜻을 모르니 수업을 따라갈 수 없는 게 당연합니다. 학교 공부를 잘할 수도 의사소통을 잘할 수도 없겠지요.

한자어는 비록 한글로 표기하지만 그 이면에는 한자가 숨어 있습니다. 위에서 아이들이 이해하지 못한 '가제'라는 어휘에도 한자 '假(거짓 가)'와 '題(제목 제)'가 쓰였습니다. 아이들이 이 어휘 속 '가'에 '거짓, 임시'의 뜻이 숨어 있다는 것을 알았다면 선생님께서 하신 말씀을 이해하거나 어휘의 뜻을 유추할 수 있었을 겁니다. 숨어 있는 한자의 뜻을 알고 있는 아이와 모르는 아이의 어휘력의 차이는 당연합니다.

〈어휘를 정복하는 한자의 힘〉은 권당 50개의 한자와 한자에서 파생된 한자 어휘 200개를 학습합니다. 그리고 새로운 어휘의 뜻을 유추하는 문제를 통해 어휘 추론력을 기릅니다. 한 권을 완주하면 비슷한말, 반대말까지 포함하여 약 300여 개의 어휘를 제대로 배울 수 있습니다.

매일 두 쪽씩 조금씩, 천천히, 꾸준히 공부해 보세요. 하루 두 쪽씩 쌓인 시간은 여러분의 공부 경쟁력이 될 거예요. 여러분의 어휘 정복을 응원합니다!

기적학습연구소 국어팀 일동

전체 학습 커리큘럼

〈 초등 1~2학년 권장 〉

1권

01 자연1	日일	月월	火화	水수	木목	06 수1	一일	二이	三삼	四사	五오
02 자연2	金금	土토	山산	天천	地지	07 수2	六륙	七칠	八팔	九구	十십
03 배움1	學학	校교	先선	生생	敎교	08 정도1	大대	小소	多다	少소	高고
04 가족1	父부	母모	兄형	弟제	寸촌	09 방향과 위치1	東동	西서	南남	北북	中중
05 사람1	人인	女녀	男남	子자	心심	10 움직임1	入입	出출	來래	登등	動동

2권

01 정도2	長장	短단	強강	弱약	重중	06 사물1	物물	形형	間간	車차/거	線선
02 색	靑청	白백	黃황	綠록	色색	07 마을과 사회1	村촌	里리	邑읍	洞동/통	市시
03 신체1	目목	口구	面면	手수	足족	08 자연3	自자	然연	川천	江강	海해
04 생활1	食식	飮음	事사	業업	休휴	09 사람2	姓성	名명	世세	活활	命명
05 상태1	有유	不불/부	便편/변	安안	全전	10 배움2	讀독	書서	問문	答답	聞문

3권

01 수3	百백	千천	萬만	算산	數수	06 방향과 위치2	方방	向향	內내	外외	上상
02 자연4	風풍	雪설	石석	草초	花화	07 방향과 위치3	下하	前전	後후	左좌	右우
03 자연5	春춘	夏하	秋추	冬동	光광	08 신체2	頭두	身신	體체	育육	苦고
04 집	家가	室실	門문	堂당	場장	09 생활2	住주	用용	作작	交교	話화
05 사람3	力력	氣기	老로	孝효	工공	10 나라	王왕	民민	軍군	韓한	國국

*총 6권 구성으로 학습 난이도에 따라 1~3권, 4~6권으로 구분합니다. 학습을 모두 마치면 약 1800여 개의 초등 필수 어휘를 정복할 수 있습니다.
*학습 한자는 '한국어문회' 기준의 급수한자 8~6급 한자를 난이도, 주제, 사용 빈도에 따라 재배열하여 선정하였습니다. 6급 한자 중 李, 林, 郡, 京은 파생 어휘가 한정적이라 5급 한자인 考, 知, 都, 則으로 대체하였습니다.

〈 초등 3~4학년 권장 〉

4권	01 수 4	半반	分분	計계	第제	番번	06 상태 2	正정	直직	公공	平평	利리
	02 자연 6	林림	電전	樹수	根근	果과	07 상태 3	溫온	太태	感감	愛애	每매
	03 가족 2	夫부	祖조	孫손	族족	禮례	08 사물 2	所소	各각	表표	級급	席석
	04 사람 4	者자	信신	親친	才재	術술	09 마을과 사회 2	道도	路로	功공	共공	界계
	05 시간 1	時시	朝조	晝주	午오	夕석	10 마을과 사회 3	班반	合합	社사	會회	始시

5권	01 자연 7	音음	淸청	明명	陽양	洋양	06 움직임 2	立립	行행	開개	放방	反반
	02 사람 5	主주	代대	使사	意의	成성	07 상태 4	空공	同동	在재	失실	特특
	03 배움 3	習습	訓훈	樂락/악	題제	科과	08 상태 5	新신	勇용	速속	幸행	急급
	04 시간 2	夜야	昨작	今금	年년	古고	09 사물 3	衣의	服복	紙지	旗기	窓창
	05 생활 3	記기	對대	省성/생	定정	集집	10 마을과 사회 4	式식	例례	度도	理리	和화

6권	01 사람 6	童동	等등	美미	病병	醫의	06 생활 4	歌가	農농	植식	待대	通통
	02 사람 7	神신	戰전	號호	考고	知지	07 움직임 3	注주	發발	現현	消소	運운
	03 자연 8	由유	本본	死사	油유	銀은	08 상태 6	近근	遠원	勝승	別별	永영
	04 자연 9	角각	野야	園원	英영	庭정	09 사물 4	球구	圖도	畫화/획	米미	藥약
	05 배움 4	文문	字자	言언	語어	章장	10 마을과 사회 5	部부	都도	區구	則칙	漢한

학습 설계와 활용법

하루 학습

하루에 한자 1개, 한자 어휘 4개를 학습해요

1단계 한자 알기

오늘 배울 한자입니다. 하루에 한 자씩 한자의 뜻(훈)과 소리(음)를 배웁니다.

2단계 한자 어휘 알기

한자에서 파생된 한자 어휘 4개를 학습합니다. 한자 어휘의 뜻을 소리 내 읽어 보며 그 속에 숨어 있는 한자의 뜻을 찾아보세요. 예문 안에 한자 어휘를 쓰며 어떻게 활용되는지 자연스럽게 익힙니다. 한자 어휘의 반대말과 비슷한말도 함께 배웁니다.

마무리 학습

5일 동안 배운 내용을 복습해요

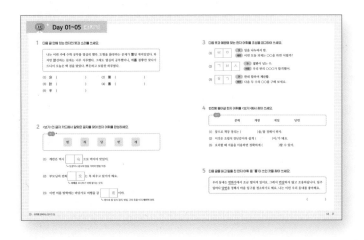

5일 동안 배운 한자 5개, 한자 어휘 20개를 문제를 풀며 복습합니다.
1 한자 훈음 확인 → **2** 어휘 활용력 기르기 → **3** 어휘 추론력 기르기 문제가 단계별로 구성되어 있습니다.

3단계 **문제로 확인하기**

배운 내용을 문제로 확인합니다. **1** 한자 훈음 확인 → **2** 어휘 활용력 기르기 → **3** 어휘 추론력 기르기 문제가
단계별로 구성되어 있습니다.

어휘 추론력 기르기

마지막 문제는 '어휘 추론 문제'입니다. 어휘력의 최종
도달 단계는 어휘의 뜻을 추론하는 능력입니다. 한글로
표기되어 있지만 그 안에 어떤 뜻의 한자가 숨어 있을지
추론하며 문제를 풀어 보세요.

'分'은 '나누다'의 뜻을 가진
한자야. 두 어휘 중 '나누다'의
뜻이 있는 어휘는 '구분'인 것 같아.
'분주'에는 어떤 한자가 쓰였을까?

도움말 다른 하나는 '달릴 주(走)'를 써요.

4 다음 문장을 읽고 '分'이 쓰인 한자 어휘가 들어 있는 문장에 ✓ 하세요.

☐ ① 잎의 모양에 따라 식물의 종류를 <u>구분</u>해 봅시다.

☐ ② 김장을 하느라 온 가족이 <u>분주</u>하게 채소를 다듬었다.

**특별
부록**

쓰면서 한자의 뜻을 기억하고 싶다면, 쓰기장을 활용해요

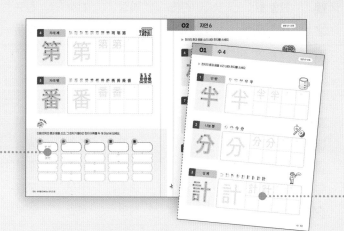

한자 쓰기를 할 수 있는 쓰기장이
맨 뒤에 수록되어 있습니다.
한 장씩 잘라서 옆에 두고 활용하
세요. 본 학습과 같이 해도 좋고
복습하는 날 한 번에 해도 좋아요.

해당 한자가 들어간
한자 어휘를 떠올려
보며 마무리합니다.

한자의 뜻을 기억하며 획순에
맞게 쓰세요. **1** 크게 따라 쓰고,
2 작게 따라 쓰고, **3** 시작점에
맞춰서 혼자 써 보세요.

이 책의 차례 4권

01 수·4

✦ 한자의 뜻과 소리를 읽어 보세요.

뜻 반   소리 반

*'반, 절반'의 뜻이 있어요.

컵에 물이 반 들어 있는 것처럼 전체의 절반을 나타낸 글자예요.

✦ 한자 어휘를 소리 내 읽어 보고 빈칸에 한자 어휘를 쓰세요.

절 半
꺾을 折

뜻 하나를 **반**으로 나눔, 또는 그렇게 가른 **반**.   ⓑ 반절

예문 언니와 사과를 | 절 | 반 | 씩 나누어 먹었다.

半 숙
익을 熟

뜻 달걀이나 음식에 열을 가하여 **반**쯤 익힘.

예문 계란은 | | | 으로 삶아 주세요.

半 년
해 年

뜻 한 해의 **반**.

예문 3학년이 된 지 벌써 | | | 이 지났어.

과 半 수
지날 過   셈 數

뜻 **절반**이 넘는 수.

예문 회의에 | | | | 가 참여했어요.

1 다음 글 안에 있는 한자의 뜻과 소리를 쓰세요.

나는 **半**숙 달걀을 좋아하고, 형은 다 익은 달걀을 좋아해.

뜻 _____

소리 _____

2 빈칸에 공통으로 들어갈 한자 어휘에 ○ 하세요.

• 색종이를 끝과 끝이 만나게 [ ]으로 접으세요.

• 나는 동생에게 주려고 빵을 반만 먹고 [ ]은 남겨 두었다.

절충
⋯⋯⋯⋯
절반

3 밑줄 친 부분의 뜻을 가진 한자 어휘를 찾아 선을 이으세요.

(1) 벌써 7월이니 <u>한 해의 반</u>이 지났구나. •

• ㉠ 과반수

(2) 준호는 <u>절반이 넘는 수</u>가 찬성해서 회장이 됐어. •

• ㉡ 반년

도움말 다른 하나는 '돌이킬 반(反)'을 써요.

4 다음 문장을 읽고 '半'이 쓰인 한자 어휘가 들어 있는 문장에 ✓ 하세요.

[ ] ① 줄넘기 이단 뛰기를 <u>반복</u>해서 연습했더니 드디어 성공했어.

[ ] ② 오늘부터 할인을 시작해서 음료수를 <u>반액</u>으로 살 수 있어요.

✦ 한자의 뜻과 소리를 읽어 보세요.

分

뜻	소리
나눌	분

* '나누다'의 뜻이 있어요.

물건을 칼(刀)로 반씩 나누는 모습을 나타낸 글자예요.

✦ 한자 어휘를 소리 내 읽어 보고 빈칸에 한자 어휘를 쓰세요.

分 단
끊을 斷

뜻 동강이 나게 끊어 **나누어** 가름.

예문 우리나라는 남과 북으로 ☐☐ 되어 있어.

分 류
무리 類

뜻 종류에 따라서 **나눔**.

예문 동물을 등뼈가 있느냐 없느냐에 따라 ☐☐ 해 보세요.

分 업
일 業

뜻 일을 **나누어서** 함.

예문 ☐☐ 하면 빨리 끝낼 수 있을 거야.

分 해
풀 解

뜻 여러 부분이 결합되어 있는 것을 낱낱으로 **나눔**. 🔄 합성

예문 아버지가 컴퓨터를 열어 ☐☐ 하셨어요.

1 다음 글 안에 있는 한자의 뜻과 소리를 쓰세요.

책을 가나다순으로 **分**류해 두어서 찾기 편해요.

뜻 _____

소리 _____

2 빈칸에 들어갈 한자 어휘를 <보기>에서 찾아 쓰세요.

보기

| 분단 | 분류 | 분산 | 분해 |

(1)   고장난 시계를 (   )했다가 다시 조립했어요.

(2)   우리나라도 (   )을/를 극복하고 통일했으면 좋겠어.

3 밑줄 친 부분의 뜻을 가진 한자 어휘를 찾아 선을 이으세요.

방을 청소할 때는 먼저 물건을 ①종류에 따라서 나누어 정리합니다. 그리고 나서 형과 쓸고 닦는 ②일을 나누어 하면 훨씬 빠르고 쉽게 끝낼 수 있습니다.

①   •

②   •

• ㉠   분업

• ㉡   분류

어휘추론!

도움말 다른 하나는 '달릴 분(奔)'을 써요.

4 다음 문장을 읽고 '分'이 쓰인 한자 어휘가 들어 있는 문장에 ✔ 하세요.

☐   ① 잎의 모양에 따라 식물의 종류를 구분해 봅시다.

☐   ② 김장을 하느라 온 가족이 분주하게 채소를 다듬었다.

✦ 한자의 뜻과 소리를 읽어 보세요.

뜻　소리

셀　계

*'세다, 헤아리다'의 뜻이 있어요.

말(言)로 열(十)을 셈하는 모습을 나타 낸 글자예요.

✦ 한자 어휘를 소리 내 읽어 보고 빈칸에 한자 어휘를 쓰세요.

計 산
셈 算

뜻 수를 **세거나** 셈을 함. 값을 치름.　비 셈

예문 언니는 덧셈 문제를 정확하게 ☐☐ 했어요.

합 計
합할 合

뜻 한데 합하여 **계산함**.　비 합산

예문 오늘 먹은 밥값의 ☐☐ 는 얼마예요?

計 획
그을 劃

뜻 앞으로 할 일의 절차, 방법, 규모 등을 미리 **헤아려** 정함.

예문 방학에 수영장을 다닐 ☐☐ 이야.

計 량
헤아릴 量

뜻 수량을 **헤아리거나** 부피나 무게 등을 잼.　비 계측

예문 요리할 때는 눈금이 있는 ☐☐ 컵을 써요.

1 다음 글 안에 있는 한자의 뜻과 소리를 쓰세요.

計산기로 모든 값의 합計를 구해요.

뜻 _____

소리 _____

2 빈칸에 들어갈 한자 어휘를 찾아 선을 이으세요.

(1) 가족과 주말에 어디 갈지 [   ]을 세웠습니다.　　•　　• ㉠ 계산

(2) 우리는 저녁 식사를 마친 후 [   ]을 하고 나왔다.　　•　　• ㉡ 계획

3 밑줄 친 부분의 뜻을 가진 한자 어휘에 ○ 하세요.

다음 세 자리 수를 <u>합하여 계산해</u> 보세요.

설계　　　　통계　　　　합계

도움말 다른 하나는 '섬돌 계(階)'를 써요.

4 다음 문장을 읽고 '計'가 쓰인 한자 어휘가 들어 있는 문장에 ✔ 하세요.

[ ] ① 군대는 <u>계급</u>이 엄격하게 나뉘어 있습니다.

[ ] ② 조선 세종 때, 세계 최초로 측우기를 발명하여 강우량을 <u>계측</u>하였다.

✦ 한자의 뜻과 소리를 읽어 보세요.

뜻 차례   소리 제

* '차례'의 뜻이 있어요.
* '과거, 시험'의 뜻도 있어요.

줄을 서서 차례를 기다리는 것처럼 어떤 일을 하는 순서를 나타낸 글자예요.

✦ 한자 어휘를 소리 내 읽어 보고 빈칸에 한자 어휘를 쓰세요.

第 일
한 一

뜻 여럿 중에서 첫째 **차례**로 으뜸이 되는 것.   🔵 으뜸

예문 나는 동물원에서 코끼리를 ☐☐ 좋아해.

第 삼 자
석 三   사람 者

뜻 그 일에 직접 관계가 없는 (세 번째 **차례**의) 사람.

예문 ☐☐☐ 가 끼어들 일이 아닙니다.

급 第
미칠 及

뜻 **과거**에 합격함.

예문 옛날에는 과거에 ☐☐ 해야 관직에 오를 수 있었다.

* 이 어휘에서는 '과거'의 뜻으로 써요.

낙 第
떨어질 落

뜻 **시험**이나 검사에 떨어짐.

예문 실기 시험에 ☐☐ 하고 말았어요.

* 이 어휘에서는 '시험'의 뜻으로 써요.

1 다음 글 안에 있는 한자의 뜻과 소리를 쓰세요.

> 어제 친구랑 다퉜는데, 네가 **第**삼자의 입장에서 누가 잘못했는지 한번 들어 보고 이야기해 줘.

뜻 _____

소리 _____

2 빈칸에 공통으로 들어갈 한자 어휘에 ○ 하세요.

> • 지난 시험에 [   ]해서 다시 시험을 보기로 했어.
>
> • 어젯밤에 급하게 공부해서 겨우 [   ]에서 벗어났지.

급제

낙제

3 밑줄 친 부분의 뜻을 가진 한자 어휘를 찾아 선을 이으세요.

> 이순신 장군은 무과 ①과거에 합격하여 벼슬을 얻었다. 그 후, 임진왜란 때 왜적을 물리치는 데 큰 공을 세웠다. 그는 우리나라 역사상 ②여럿 중에서 첫째 차례로 으뜸이 되는 훌륭한 장군이다.

① •   • ㉠ 급제

② •   • ㉡ 제일

이휘추론!

4 다음 한자 어휘 중 '第'가 쓰인 것에 ✔ 하세요.

[   ] ① 형제 ➡ 형과 남동생.

[   ] ② 안전제일 ➡ 어떤 일에 조심하여 안전을 기하는 것을 가장 중요하게 여김.

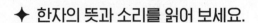

월   일

✦ 한자의 뜻과 소리를 읽어 보세요.

뜻 **차례**   소리 **번**

*'차례'의 뜻이 있어요.

학교에서 내 번호가 있는 것처럼 어떤 차례를 나타낸 글자예요.

✦ 한자 어휘를 소리 내 읽어 보고 빈칸에 한자 어휘를 쓰세요.

番 호
이름 號

뜻 **차례**를 표시하기 위해 붙이는 숫자.

예문 ☐☐를 부를 테니 대답해 주세요.

番 지
땅 地

뜻 땅을 여러 조각으로 나누어 **차례**로 매겨 놓은 번호.

예문 예전에는 주소를 쓸 때 ☐☐를 정확히 적어야 했어요.

당 番
마땅 當

뜻 어떤 일을 맡을 **차례**가 된 사람.

예문 오늘은 내가 급식 ☐☐이야.

매 番
매양 每

뜻 각각의 **차례**. 매 때마다.   비 번번이

예문 그는 운전 면허 시험에 ☐☐ 떨어져도 실망하지 않아.

1 다음 글 안에 있는 한자의 뜻과 소리를 쓰세요.

우리 집 옛 주소는 '행복시 행복구 168-6**番**지'입니다.

뜻 _____

소리 _____

2 빈칸에 들어갈 한자 어휘를 글자 카드에서 찾아 만들어 쓰세요.

(1) 지영이는 (   ) 약속에 늦어.

| 번 | 지 | 매 |

(2) 영화관에서는 좌석 (   )을/를 확인해.

| 호 | 번 | 당 |

3 밑줄 친 부분의 뜻을 가진 한자 어휘에 ○ 하세요.

오늘은 형이 강아지 산책시키는 <u>일을 맡을 차례가 된 사람</u>이야.

불침번   비번   당번

어휘추론!

도움말 다른 하나는 '번성할 번(繁)'을 써요.

4 다음 문장을 읽고 '**番**'이 쓰인 한자 어휘가 들어 있는 문장에 ✔ 하세요.

☐ ① <u>번화</u>한 거리는 많은 사람들로 북적였다.

☐ ② 우리 마을은 <u>순번</u>을 짜서 거리를 청소합니다.

1 다음 글 안에 있는 한자의 뜻과 소리를 쓰세요.

> 나는 이번 주에 수학 공부를 열심히 했다. 도형을 **分**류하는 문제가 **第**일 재미있었다. 하지만 **計**산하는 문제는 너무 지루했다. 그래도 열심히 공부했더니, 매**番** 절**半**만 맞다가 드디어 오늘은 백 점을 맞았다. 뿌듯하고 보람찬 하루였다.

(1) **分** (   )   (2) **第** (   )

(3) **計** (   )   (4) **番** (   )

(5) **半** (   )

2 <보기>의 글자 카드에서 알맞은 글자를 찾아 한자 어휘를 완성하세요.

> 보기
>
> 번   계   당   반   제

(1) 계란은 역시 [|숙] 으로 먹어야 맛있어.
   ↳ 달걀이나 음식에 열을 가하여 **반**쯤 익힘.

(2) 부모님의 전화 [|호] 는 꼭 외우고 있어야 해요.
   ↳ **차례**를 표시하기 위해 붙이는 숫자.

(3) 이번 여름 방학에는 바닷가로 여행을 갈 [|획] 이야.
   ↳ 앞으로 할 일의 절차, 방법, 규모 등을 미리 **헤아려** 정함.

3 다음 뜻과 예문에 맞는 한자 어휘를 초성을 참고하여 쓰세요.

(1)

ㅂ	ㅇ

뜻 일을 **나누어서** 함.

예문 이번 모둠 과제는 ○○을 하면 어떨까?

(2)

ㄱ	ㅂ	ㅅ

뜻 **절반**이 넘는 수.

예문 우리 반의 ○○○가 합격했어.

(3)

ㅎ	ㄱ

뜻 한데 합하여 **계산함.**

예문 다음 두 수의 ○○를 구해 보세요.

4 빈칸에 들어갈 한자 어휘를 <보기>에서 찾아 쓰세요.

보기

분해	계량	제일	당번

(1) 앞으로 책장 정리는 (   )을/를 정해서 하자.

(2) 이것은 조립식 장난감이라 쉽게 (   )이/가 돼요.

(3) 요리할 때 저울을 이용하면 정확하게 (   )할 수 있어.

5 다음 글을 읽고 밑줄 친 한자 어휘 중 '番'이 쓰인 것을 찾아 쓰세요.

우리 동네는 번화가에서 조금 떨어져 있어요. 그래서 번잡하지 않고 조용하답니다. 일주일마다 당번을 정해서 마을 입구를 청소하기도 해요. 나는 이런 우리 동네를 좋아해요.

(   )

02 자연·6

지난주의 한자 배운 한자를 떠올리며 빈칸에 뜻과 소리를 쓰세요.

半   分   計   第   番

___   ___   ___   ___   ___

✦ 한자의 뜻과 소리를 읽어 보세요.

뜻   소리
수풀 림(임)

* '수풀, 숲'의 뜻이 있어요.
* '림'은 맨 앞에 오면 '임'으로 읽고 써요.

나무(木)가 많은 숲의 모습을 나타낸 글자예요.

✦ 한자 어휘를 소리 내 읽어 보고 빈칸에 한자 어휘를 쓰세요.

산 林		
메 山	뜻	산과 **숲**.
	예문	우리 동네는 ☐☐ 이 울창해요.

林 업		
업 業	뜻	나무와 **숲**을 경영하는 사업. 비 산림업
	예문	산림이 우거진 지역에는 ☐☐ 이 발달합니다.

밀 林		
빽빽할 密	뜻	큰 나무들이 빽빽하게 들어선 깊은 **숲**. 비 정글
	예문	아마존 ☐☐ 은 지구에서 산소를 가장 많이 배출한다.

방 풍 林		
막을 防 바람 風	뜻	바람을 막기 위해 가꾼 **숲**.
	예문	바람을 막아 피해를 줄여 주는 ☐☐☐ .

1 다음 글 안에 있는 한자의 뜻과 소리를 쓰세요.

산林을 보호하려면 작은 불씨도 조심해야 합니다.

뜻 _____

소리 _____

2 빈칸에 들어갈 한자 어휘를 찾아 선을 이으세요.

(1) 많은 ☐ 지역이 개발로 인해 파괴되고 있습니다. •

(2) 오늘 ☐ 에 종사하는 분들의 일터에 견학을 갔어요. •

• ㉠ 밀림

• ㉡ 임업

3 퀴즈를 읽고 알맞은 답을 쓰세요.

나는 무엇일까요?

힌트 1. 나는 바람을 막기 위해 가꾼 숲이에요.

힌트 2. 농경지나 과수원에서 바람 때문에 생길
수 있는 피해를 막아 줘요.

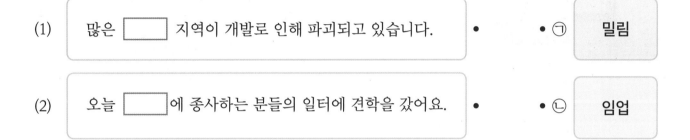

(   )

4 다음 한자 어휘의 예문을 읽어 보고 뜻에 알맞은 말에 ○ 하세요.

임산물

예문 이곳은 나무가 많아서 임산물이 많이 납니다.

뜻 (산과 숲 , 강과 바다)에서 나는 목재, 약초 등의 물품.

✦ 한자의 뜻과 소리를 읽어 보세요.

電

뜻 **번개**   소리 **전**

＊'번개, 전기'의 뜻이 있어요.

비(雨) 오는 날에 번개가 치는 모습을 나타낸 글자예요.

✦ 한자 어휘를 소리 내 읽어 보고 빈칸에 한자 어휘를 쓰세요.

電 류
흐를 流

뜻 **전기**가 흐르는 현상이나 그 정도.

예문 콘센트에는 ☐☐ 가 흐르니 항상 조심하렴.

電 구
공 球

뜻 **전기**의 흐름을 통하여 빛을 내는 기구.

예문 ☐☐ 의 불빛이 방 안을 밝게 비추었다.

충 電
채울 充

뜻 **전기** 에너지를 전지에 채워 넣음.

예문 휴대폰이 꺼져서 ☐☐ 하고 있어.

정 電
머무를 停

뜻 **전기**가 끊어짐.

예문 갑자기 ☐☐ 이 되어 온 동네가 깜깜해졌어요.

1 다음 글 안에 있는 한자의 뜻과 소리를 쓰세요.

경 고

고압 **電**류가 흐르고 있으니 조심하세요.

뜻 _____

소리 _____

2 빈칸에 들어갈 한자 어휘를 <보기>에서 찾아 쓰세요.

보기

전구   방전   전자   충전

(1) 오래된 (   )을/를 갈아 끼우니 어둡던 방이 밝아졌어요.

(2) 휴대용 선풍기를 (   )해서 미리 가방에 넣어 두었습니다.

3 밑줄 친 부분의 뜻을 가진 한자 어휘에 ○ 하세요.

어제 저녁에 한 시간 동안 전기가 끊어져서 불편했어요.

정전   누전   전류

어휘 추론!

도움말 다른 하나는 '펼 전(展)'을 써요.

4 다음 문장을 읽고 '電'이 쓰인 한자 어휘가 들어 있는 문장에 ✓ 하세요.

☐ ① 오늘 현대 미술 전시회에 다녀왔습니다.

☐ ② 이 건물의 전선은 복잡하게 얽혀 있어요.

월   일

✦ 한자의 뜻과 소리를 읽어 보세요.

뜻 **소리**

나무 수

* '나무'의 뜻이 있어요.
* '세우다'의 뜻도 있어요.

묘목(木)을 심어 세우는 모습을 나타낸 글자예요.

✦ 한자 어휘를 소리 내 읽어 보고 빈칸에 한자 어휘를 쓰세요.

樹 액
진 液

뜻 땅속에서 **나무**의 줄기를 통하여 잎으로 올라가는 액체.

예문 나무 줄기에 흐르는 ☐☐ 이 영양분을 전달해.

樹 목 원
나무 木   동산 園

뜻 연구를 목적으로 여러가지 **나무**를 기르는 곳.

예문 이번 주말에는 ☐☐☐ 에 놀러 가자.

가 로 樹
거리 街   길 路

뜻 거리를 아름답게 하기 위해 줄지어 심은 **나무**.

예문 여름이 되니 ☐☐☐ 가 푸르르다.

樹 립
설 立

뜻 어떤 단체나 계획을 **세움**.

예문 1948년 8월 15일에 대한민국 정부가 ☐☐ 되었다.

* 이 어휘에서는 '세우다'의 뜻으로 써요.

1 다음 글 안에 있는 한자의 뜻과 소리를 쓰세요.

길가에 늘어선 가로樹.

뜻 _____

소리 _____

2 빈칸에 공통으로 들어갈 한자 어휘에 ○ 하세요.

- 내일은 [   ](으)로 소풍을 가요.
- 삼촌은 [   ]에서 나무를 가꾸는 일을 하십니다.

상록수

수목원

3 다음 뜻을 가진 한자 어휘를 찾아 선으로 이으세요.

(1) 어떤 단체나 계획을 세움.   •   • ㉠ 수립

(2) 땅속에서 나무의 줄기를 통하여 잎으로 올라가는 액체.   •   • ㉡ 수액

4 다음 한자 어휘 중 '樹'가 쓰인 것에 ✓ 하세요.

[ ] ① 수출 ➜ 외국으로 상품이나 기술을 팔아 내보냄.

[ ] ② 침엽수 ➜ 잎이 바늘 모양으로 가늘고 뾰족한 나무.

월   일

✦ 한자의 뜻과 소리를 읽어 보세요.

뜻   소리

뿌리   근

*'뿌리, 근본'의 뜻이 있어요.

나무(木)를 땅에 머물게 하는 뿌리를 나타낸 글자예요.

✦ 한자 어휘를 소리 내 읽어 보고 빈칸에 한자 어휘를 쓰세요.

根 본
근본 本

뜻 **근본**. 사물의 본질이나 본바탕.

예문 물가가 상승하는 [　][　] 원인을 알고 싶어요.

根 성
성품 性

뜻 태어날 때부터 지니고 있는 **근본**적인 성질.

예문 우리 언니는 쉽게 포기하지 않는 [　][　]을 가졌어.

根 거
근거 據

뜻 어떤 일이나 판단, 주장의 그 **근본**이나 까닭.

예문 의견을 주장할 때는 [　][　]를 마련해야 해.

화 根
재앙 禍

뜻 재앙의 **근본**적인 원인.

예문 함부로 버린 담배꽁초가 산불의 [　][　]이 되었다.

1 다음 글 안에 있는 한자의 뜻과 소리를 쓰세요.

> 이 문제에 대한 **根**본 원인을 찾아보자.

뜻 _____

소리 _____

2 빈칸에 들어갈 한자 어휘를 글자 카드에서 찾아 만들어 쓰세요.

(1) 그 선수는 승부 (   )이/가 남달라.

성   근   화

(2) 논설문에는 주장과 (   )이/가 있어.

거   본   근

3 밑줄 친 부분의 뜻을 가진 한자 어휘를 찾아 선을 이으세요.

(1) 정치의 <u>본질이나 본바탕</u>은 이 나라의 주인이 바로 국민이라고 생각하는 것입니다.

·   · ㉠ 화근

(2) 어떤 일이든지 지나치게 욕심을 부리면 <u>재앙의 근본적인 원인</u>이 돼. 천천히 착실하게 하면 성공할 거야.

·   · ㉡ 근본

도움말 다른 하나는 '부지런할 근(勤)'을 써요.

4 다음 대화를 읽고 '根'이 쓰인 한자 어휘를 찾아 번호를 쓰세요. (   )

> 수민: 저 오늘부터 과소비 ①근절을 위해 용돈을 차곡차곡 모으기로 했어요.
>
> 엄마: 좋은 생각이구나. ②근검 절약하면 저축도 많이 할 수 있을 거야.

✦ 한자의 뜻과 소리를 읽어 보세요.

뜻 소리

실과 **과**

＊'실과, 열매, 과실'의 뜻이 있어요.
＊'과연, 결과'의 뜻도 있어요.

나무(木)에 달린 열매를 나타낸 글자
예요.

✦ 한자 어휘를 소리 내 읽어 보고 빈칸에 한자 어휘를 쓰세요.

果 실
열매 實

뜻 과일나무에 생기는 **열매**. 🖼 과일

예문 자두나무에 ⬚⬚ 이 잔뜩 열렸구나.

果 즙
즙 汁

뜻 **과실**에서 배어 나오거나 짜서 나온 즙.

예문 이 사과 주스는 ⬚⬚ 이 100% 들어갔어.

果 연
그럴 然

뜻 **과연**. 생각한 대로 정말로.

예문 ⬚⬚ 아름다운 그림이에요.

＊이 어휘에서는 '과연'의 뜻으로 써요.

결 **果**
맺을 結

뜻 **결과**. 어떤 원인으로 생긴 결말.

예문 원인과 ⬚⬚ 를 파악해 보렴.

＊이 어휘에서는 '결과'의 뜻으로 써요.

1 다음 글 안에 있는 한자의 뜻과 소리를 쓰세요.

> 달리기를 열심히 연습한 결**果** 신기록을 세웠어요.

뜻 _____

소리 _____

2 빈칸에 공통으로 들어갈 한자 어휘를 초성을 참고하여 쓰세요.

> • 수박을 쪼개자 [ ]이/가 뚝뚝 떨어졌어요.
>
> • 토마토는 [ ]이/가 풍부하고 영양이 가득 들어 있습니다.

ㄱ | ㅈ

3 밑줄 친 부분의 뜻을 가진 한자 어휘를 찾아 선을 이으세요.

> 여름에는 ①과일나무에 생기는 열매인 복숭아가 탐스럽게 익어갑니다. 제철에 수확해서 한입 먹으니, ②생각한 대로 정말로 달고 맛있어요.

① •   • ㉠ 과연

② •   • ㉡ 과실

도움말 다른 하나는 '지날 과(過)'를 써요.

4 다음 문장을 읽고 '果'가 쓰인 한자 어휘가 들어 있는 문장에 ✔ 하세요.

[ ] ① 우리 할아버지는 과거에 선생님이셨다.

[ ] ② 독서는 집중력을 높이는 데 효과적이다.

1 다음 글 안에 있는 한자의 뜻과 소리를 쓰세요.

> **樹**목원이나 산에 갈 때 산**林**을 보호하기 위해 지켜야 할 약속이 있습니다. 우리가 가지고 간 쓰레기는 다시 가져옵니다. 그리고 숲에서는 작은 불씨도 조심해야 합니다. 지난 강원도 산불은 태풍으로 끊어진 **電**선의 불씨가 화**根**이었다고 합니다. 우리가 노력한다면 그 결**果**는 아름다운 숲으로 나타날 것입니다.

(1) **樹** (   )   (2) **林** (   )

(3) **電** (   )   (4) **根** (   )

(5) **果** (   )

2 가로 열쇠, 세로 열쇠를 풀어 낱말 퍼즐을 완성하세요.

(1)

가로 열쇠

❶ **뜻** 전기 에너지를 전지에 채워 넣음.
　 예문 배터리가 얼마 없네. ○○해야겠다.

세로 열쇠

❷ **뜻** 전기가 흐르는 현상이나 그 정도.
　 예문 이 철조망에는 ○○가 흐르니 조심해야 해.

(2)

가로 열쇠

❶ **뜻** 과일나무에 생기는 **열매**.
　 예문 나무에 ○○이 주렁주렁 열렸어.

세로 열쇠

❷ **뜻** **과**실에서 배어 나오거나 짜서 나온 즙.
　 예문 이 과일은 ○○이 풍부해.

3 뜻풀이에 맞는 한자 어휘를 찾아 선을 이으세요.

(1) 뿌리째 없애 버림. •

(2) 어떤 단체나 계획을 세움. •

• ㉠ 수립

• ㉡ 근절

4 <보기>의 글자 카드에서 알맞은 글자를 찾아 한자 어휘를 완성하세요.

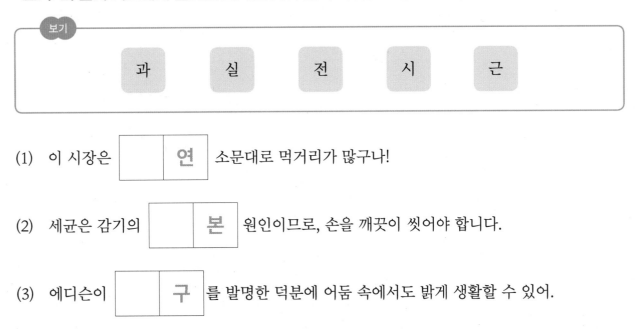

보기

과　실　전　시　근

(1) 이 시장은 [　][연] 소문대로 먹거리가 많구나!

(2) 세균은 감기의 [　][본] 원인이므로, 손을 깨끗이 씻어야 합니다.

(3) 에디슨이 [　][구] 를 발명한 덕분에 어둠 속에서도 밝게 생활할 수 있어.

5 다음 글을 읽고 밑줄 친 한자 어휘 중 '根'이 쓰인 것을 찾아 쓰세요.

김 선수는 끝까지 해내려는 타고난 근성으로 노력한 끝에 국가 대표에 선발되었다. 그의 근면함이 빛을 발하여 최근에는 각종 대회에서 수상하였다.

(　　　　　)

03 가족·2

지난주의 한자 배운 한자를 떠올리며 빈칸에 뜻과 소리를 쓰세요.

林　　電　　樹　　根　　果

____　____　____　____　____

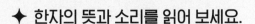
✦ 한자의 뜻과 소리를 읽어 보세요.

(뜻) (소리)
지아비 부

* '지아비, 남자'의 뜻이 있어요. '지아 비'는 남편을 예스럽게 부르는 말이 에요.

남자가 머리에 상투를 튼 모습을 나타 낸 글자예요.

✦ 한자 어휘를 소리 내 읽어 보고 빈칸에 한자 어휘를 쓰세요.

夫 부
아내 婦

(뜻) **남편**과 아내.

(예문) 우리 부모님은 [ ][ ]로 산 지 10년이 넘었다.

제 夫
아우 弟

(뜻) 언니가 여동생의 **남편**을 이르거나 부르는 말.

(예문) 엄마는 이모부를 [ ][ ]라고 불러.

夫 인
사람 人

(뜻) 다른 **남자**의 아내를 높여 부르는 말.

(예문) 중년의 [ ][ ]들이 공원에서 산책을 해요.

농 夫
농사 農

(뜻) 농사 짓는 일을 직업으로 하는 사람(**남자**).

(예문) [ ][ ]들이 논에 모를 심고 있습니다.

1 다음 글 안에 있는 한자의 뜻과 소리를 쓰세요.

저기 모자를 쓰신 분이 **夫**인의 남편인가요?

뜻 _____

소리 _____

2 빈칸에 공통으로 들어갈 한자 어휘를 초성을 참고하여 쓰세요.

봄은 [____]들이 가장 바쁜 시기예요. 한 [____]도 땀을 뻘뻘 흘리며 밭을 일구고 있어요.

ㄴ	ㅂ

3 밑줄 친 부분의 뜻을 가진 한자 어휘에 ○ 하세요.

(1) 내 여동생의 남편은 가족들에게 항상 다정해요.

제부	조부

(2) 삼촌 커플은 결혼 후 남편과 아내 사이가 되었다.

남매	부부

어휘추론!

도움말 다른 하나는 '아닐 부(否)'를 써요.

4 다음 문장을 읽고 '夫'가 쓰인 한자 어휘가 들어 있는 문장에 ✓ 하세요.

[ ] ① 범인은 증거가 나오기 전까지 범행을 <u>부인</u>했다.

[ ] ② 오랜만에 만난 조카가 어느덧 씩씩한 <u>대장부</u>가 되어 있었다.

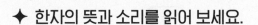

✦ 한자의 뜻과 소리를 읽어 보세요.

뜻 · 소리

할아버지 조

* '할아버지, 조상, 어른'의 뜻이 있어요.

할아버지를 비롯한 윗 세대의 어른을 나타낸 글자예요.

✦ 한자 어휘를 소리 내 읽어 보고 빈칸에 한자 어휘를 쓰세요.

祖국 나라 國

뜻 **조상** 때부터 대대로 살던 나라. 비 고국

예문 독립운동가들은 ☐☐ 의 독립을 위해 싸웠다.

선祖 먼저 先

뜻 먼 윗대의 **조상**.

예문 우리 ☐☐ 들은 단옷날 창포물에 머리를 감았어요.

祖상 윗 上

뜻 돌아간 어버이 위로 대대의 **어른**. 자기 세대 이전의 모든 세대.

예문 성묘는 돌아가신 ☐☐ 을 섬기던 우리의 전통 풍습이다.

祖부 모 아버지 父 · 어머니 母

뜻 **할아버지**와 할머니.

예문 오늘은 ☐☐☐ 님 댁에 갈 거야.

1 다음 글 안에 있는 한자의 뜻과 소리를 쓰세요.

첨성대는 우리 선祖가 남긴 위대한 유산이야.

뜻 _____

소리 _____

2 빈칸에 들어갈 한자 어휘를 <보기>에서 찾아 쓰세요.

보기

조부모   조국   조수   조상

(1) 온돌은 (   )들의 지혜를 엿볼 수 있는 우리 고유의 문화이다.

(2) 안중근 의사는 안타깝게도 (   )의 광복을 보지 못하고 세상을 떠났다.

3 밑줄 친 부분의 뜻을 가진 한자 어휘에 ○ 하세요.

나는 태어나서 유치원에 가기 전까지 <u>할아버지와 할머니</u> 곁에서 자랐습니다.

조상   조부모   선조

4 다음 한자 어휘의 예문을 읽어 보고 뜻에 알맞은 말에 ○ 하세요.

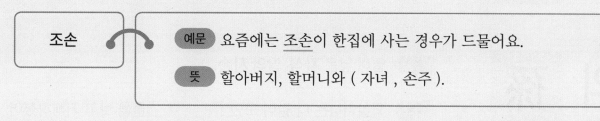

조손

예문 요즘에는 <u>조손</u>이 한집에 사는 경우가 드물어요.

뜻 할아버지, 할머니와 (자녀 , 손주).

✦ 한자의 뜻과 소리를 읽어 보세요.

뜻 **손자**   소리 **손**

*'손자, 손녀, 자손'의 뜻이 있어요.

자식이 계속 대대로 이어지는 모습을 나타낸 글자예요.

✦ 한자 어휘를 소리 내 읽어 보고 빈칸에 한자 어휘를 쓰세요.

孫 녀
여자 女

뜻 **손녀**. 아들이나 딸의 딸.

예문 할아버지와 ☐☐ 가 함께 왔어요.

자 孫
아들 子

뜻 자식과 **손자**. 여러 세대가 지난 뒤의 자녀.

예문 이 식당은 ☐☐ 대대로 이어져 왔다고 해.

후 孫
뒤 後

뜻 여러 세대가 지난 뒤의 **자손**.

예문 위인의 업적은 ☐☐ 들에게 대대로 전해진다.

외 孫
바깥 外

뜻 딸이 낳은 **자식**. 딸의 **자손**.

예문 외할머니는 다 같이 모인 ☐☐ 들을 보고 기뻐하셨어.

1 다음 글 안에 있는 한자의 뜻과 소리를 쓰세요.

할아버지는 **孫**녀가 보고 싶다며 전화를 걸었어.

뜻 _____

소리 _____

2 빈칸에 공통으로 들어갈 한자 어휘를 초성을 참고하여 쓰세요.

• 우리 가족은 독립운동가의 [　　　] (이)라고 들었어요.

• 우리는 [　　　] 들에게 깨끗한 지구를 물려줘야 합니다.

ㅎ ㅅ

3 밑줄 친 부분의 뜻을 가진 한자 어휘에 ○ 하세요.

(1) 우리 리현이가 외할머니한테는 딸의 자손이구나.

외손 　 친손

(2) 할머니는 우리 자식과 손자들이 잘 살기를 바라서.

손녀 　 자손

어휘추론!

4 다음 한자 어휘 중 '孫'이 쓰인 것에 ✔ 하세요.

☐ ① 종손 ➤ 종가의 대를 이을 맏손자.

☐ ② 손해 ➤ 물질적으로나 정신적으로 밑짐.

✦ 한자의 뜻과 소리를 읽어 보세요.

族

뜻 **겨레**   소리 **족**

*'겨레, 가문, 무리'의 뜻이 있어요.

같은 민족이 깃발 아래 모여서 화살로 적을 물리치는 모습을 나타낸 글자예요.

✦ 한자 어휘를 소리 내 읽어 보고 빈칸에 한자 어휘를 쓰세요.

동 族
한가지 同

뜻 같은 **겨레**.

예문 어려운 때일수록 ☐☐ 끼리 힘을 합쳐 봅시다.

族 보
족보 譜

뜻 한 **가문**의 계통과 혈통 관계를 적어 기록한 책.

예문 할아버지께서 우리 가문의 ☐☐ 를 보여 주셨다.

민 族
백성 民

뜻 한 지역에서 생활하면서 고유한 언어, 문화, 역사를 이룬 사람들의 **무리**.

예문 호주는 다양한 ☐☐ 이 함께 사는 나라야.

族 장
긴 長

뜻 종족이나 부족과 같은 **무리**의 우두머리.

예문 그 마을의 ☐☐ 은 지혜롭다.

1 다음 글 안에 있는 한자의 뜻과 소리를 쓰세요.

추석은 우리 민**族** 고유의 명절입니다.

뜻 _____

소리 _____

2 빈칸에 들어갈 한자 어휘에 ○ 하세요.

(1) 집안 [   ]에서 선조의 이름과 행적을 볼 수 있다.

족보 | 동족

(2) 우리 [   ]은 일찍부터 활을 잘 만들고 다루었다.

족장 | 민족

3 밑줄 친 부분의 뜻을 가진 한자 어휘를 찾아 선을 이으세요.

이 지역은 각 ①부족의 우두머리의 지휘 아래 ②같은 겨레끼리 한 마을을 이루고 있다. 마을 사람들은 먹을 것, 입을 것을 함께 나누며 평화롭게 살고 있다.

① •　　• ㉠ 동족

② •　　• ㉡ 족장

도움말 다른 하나는 '발 족(足)'을 써요.

4 다음 문장을 읽고 '族'이 쓰인 한자 어휘가 들어 있는 문장에 ✔ 하세요.

[ ] ① 태극기에는 한민족의 이상과 소망이 담겨 있다.

[ ] ② 김홍도는 조선 시대 미술에 커다란 족적을 남겼다.

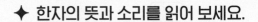

✦ 한자의 뜻과 소리를 읽어 보세요.

뜻 소리

예도 례(예)

* '예도, 예의, 예절'의 뜻이 있어요.
* '례'는 맨 앞에 오면 '예'로 읽고 써요.

세배하는 아이들처럼 예의와 법도를 지키는 모습을 나타낸 글자예요.

✦ 한자 어휘를 소리 내 읽어 보고 빈칸에 한자 어휘를 쓰세요.

禮 절
마디 節

뜻 **예의**에 관한 모든 절차나 질서.

예문 ☐☐ 을 갖추고 인사를 드리자.

결 禮
이지러질 缺

뜻 **예의**에 어긋나는 일.   🔵비 실례

예문 저의 ☐☐ 를 용서해 주세요.

제 禮
제사 祭

뜻 제사를 지내는 의식과 **예절**.

예문 조상들은 ☐☐ 를 중요하게 여겼다.

혼 禮
혼인할 婚

뜻 혼인의 **예절**. 결혼식.

예문 할아버지와 할머니는 전통 ☐☐ 를 올리셨대요.

1 다음 글 안에 있는 한자의 뜻과 소리를 쓰세요.

이모는 지난 봄에 전통 혼**禮**를 치렀어요.

뜻 _____

소리 _____

2 빈칸에 들어갈 한자 어휘를 찾아 선을 이으세요.

(1) [ ]을/를 무릅쓰고 늦은 시간에 찾아와 죄송합니다. •

(2) 이웃 어른께서 [ ]이/가 바르다고 칭찬해 주셨어요. •

• ㉠ 예절

• ㉡ 결례

3 다음 뜻을 가진 한자 어휘를 초성을 참고하여 빈칸에 쓰세요.

제사를 지내는 의식과 예절. — ㅈ ㄹ

도움말 다른 하나는 '법식 례(예(例))'를 써요.

4 다음 대화를 읽고 '禮'가 쓰인 한자 어휘를 찾아 번호를 쓰세요. ( )

언니: 할머니께 존댓말을 써야지. 반말은 ①예의에 어긋나는 거야.

동생: 나는 아직 어리니까 ②예외로 해 줘.

엄마: 그건 언니 말이 맞단다. 어른께는 모두 존댓말을 쓰는 게 좋겠지?

1 다음 글 안에 있는 한자의 뜻과 소리를 쓰세요.

> 예로부터 우리 민**族**은 **祖**상을 기리고 풍년과 자**孫**의 안녕을 기원하기 위해 제**禮**를 지냈다. 제사를 지낼 때는 제사상을 차리는데, 지역과 하는 일에 따라 다른 음식이 올라갔다. 육지에서 농사를 짓던 농**夫**들은 자신이 수확한 곡식과 과일을 위주로 제사상을 차렸다. 그에 비해 바다에서 고기를 잡는 어부들은 생선을 위주로 올렸다.

(1) 族 ( )   (2) 祖 ( )

(3) 孫 ( )   (4) 禮 ( )

(5) 夫 ( )

2 다음 뜻과 예문에 맞는 한자 어휘를 글자판에서 찾아 묶으세요.

① 뜻 혼인의 **예절**. 결혼식.
　예문 전통 ○○를 올리다.

② 뜻 같은 **겨레**.
　예문 6·25는 ○○ 간의 전쟁이었다.

③ 뜻 여러 세대가 지난 뒤의 **자손**.
　예문 ○○에게 전해질 역사.

④ 뜻 언니가 여동생의 **남편**을 이르거나 부르는 말.
　예문 엄마는 막내 이모부를 ○○라고 불러요.

⑤ 뜻 **조상** 때부터 대대로 살던 나라.
　예문 장병들은 목숨을 바쳐 ○○을 지켰다.

고	제	부	조
동	족	방	국
후	종	결	혼
손	외	녀	례

3 다음 뜻과 예문에 맞는 한자 어휘를 초성을 참고하여 쓰세요.

(1)
ㅅ	ㅈ

뜻 먼 윗대의 조상.
예문 항아리에는 ○○들의 지혜가 담겨 있어.

(2)
ㅂ	ㅇ

뜻 다른 남자의 아내를 높여 부르는 말.
예문 이번 모임에는 ○○도 함께 오세요.

(3)
ㅈ	ㅂ	ㅁ

뜻 할아버지와 할머니.
예문 ○○○님이 손자를 돌봐 주고 계세요.

(4)
ㅇ	ㅅ

뜻 딸이 낳은 자식. 딸의 자손.
예문 할아버지는 ○○을 보고 반가워하셨다.

4 다음 밑줄 친 한자 어휘를 잘못 사용한 친구를 고르세요. (   )

① 민정: 나는 내가 우리 할머니의 손녀라서 정말 행복해.
② 정우: 우리 옆집에는 나이가 지긋하신 부부가 살고 계세요.
③ 태민: 결례를 잘 지켜야 예의 바른 어린이가 될 수 있습니다.

5 한자 어휘의 뜻을 읽어 보고 빈칸에 공통으로 들어갈 글자를 쓰세요.

> • 유☐: 죽은 사람의 남은 가족.
>
> • ☐장: 종족이나 부족과 같은 무리의 우두머리.   (   )
>
> • ☐보: 한 가문의 계통과 혈통 관계를 적어 기록한 책.

04 사람·4

지난주의 한자 배운 한자를 떠올리며 빈칸에 뜻과 소리를 쓰세요.

夫　　祖　　孫　　族　　禮

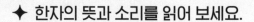

월 　 일

✦ 한자의 뜻과 소리를 읽어 보세요.

뜻 　 소리

사람 자

＊'사람'의 뜻이 있어요.

다양한 모습을 가진 사람들을 나타낸 글자예요.

✦ 한자 어휘를 소리 내 읽어 보고 빈칸에 한자 어휘를 쓰세요.

기 者
기록할 記

> 뜻 　 신문, 방송 등에 실을 기사를 조사하여 쓰는 **사람**.
>
> 예문 　 [　　] 가 사건을 취재하러 나섰다.

부 者
부자 富

> 뜻 　 재물이 많아 살림이 넉넉한 **사람**.
>
> 예문 　 김 씨는 [　　] 이지만 검소하게 산다.

약 者
약할 弱

> 뜻 　 힘이나 세력이 약한 **사람**. 　 반 강자
>
> 예문 　 교통 [　　] 를 배려하여 자리를 비워 두자.

승 者
이길 勝

> 뜻 　 싸움이나 경기 등에서 이긴 **사람**. 　 반 패자
>
> 예문 　 이 경기로 [　　] 와 패자가 갈립니다.

1 다음 글 안에 있는 한자의 뜻과 소리를 쓰세요.

교통 약**者**석에는 노약**者**, 임산부,
장애인 등이 앉을 수 있어요.

뜻 ＿＿＿＿＿＿

소리 ＿＿＿＿＿＿

2 빈칸에 들어갈 한자 어휘를 찾아 선을 이으세요.

(1) 이번 대회의 [　　　]는 영광의 우승컵을 안게 됩니다. ・ ・㉠ 승자

(2) 놀부는 곡식과 재물을 아주 많이 가진 [　　　]였어요. ・ ・㉡ 부자

3 퀴즈를 읽고 알맞은 답을 쓰세요.

나는 누구일까요?

힌트 1. 나는 신문이나 방송에 실을 기사를 쓰
는 사람이에요.

힌트 2. 나는 사건이 일어나는 곳을 직접 찾아
가서 취재하기도 해요.

(　　　　　)

4 다음 한자 어휘 중 '者'가 쓰인 것에 ✔ 하세요.

[　] ① 선구자 ➡ 어떤 일이나 사상에서 다른 사람보다 앞선 사람.

[　] ② 자식 ➡ 부모가 낳은 아이를, 그 부모에 상대하여 이르는 말.

✦ 한자의 뜻과 소리를 읽어 보세요.

뜻   소리
믿을 신

＊'믿다'의 뜻이 있어요.
＊'소식'의 뜻도 있어요.

사람(人)이 하는 말(言)에는 믿음이 있어야 한다는 것을 나타낸 글자예요.

✦ 한자 어휘를 소리 내 읽어 보고 빈칸에 한자 어휘를 쓰세요.

信 념 생각 念

뜻   굳게 **믿는** 마음.

예문   해낼 수 있다는 [   ][   ]을 가져라.

信 뢰 의뢰할 賴

뜻   굳게 **믿고** 의지함.

예문   친구끼리 서로 [   ][   ]할 수 있어야 해.

信 조 가지 條

뜻   굳게 **믿어** 지키고 있는 생각.

예문   약속 시간을 꼭 지키는 것이 나의 [   ][   ]야.

통 信 통할 通

뜻   우편이나 전신, 전화 등으로 정보나 **소식**을 전함.

예문   현대에는 [   ][   ]이 발달하였습니다.

＊이 어휘에서는 '소식'의 뜻으로 써요.

1 다음 글 안에 있는 한자의 뜻과 소리를 쓰세요.

> 언제나 한결같은 말과 행동으로 **信**뢰를 쌓으렴.

뜻 _____

소리 _____

2 빈칸에 공통으로 들어갈 한자 어휘를 초성을 참고하여 쓰세요.

> • 나는 정직한 삶을 생활 ☐☐(으)로 삼고 있어.
>
> • 엄마 덕분에 성실함은 내 인생의 ☐☐이/가 되었습니다.

ㅅ ㅈ

3 다음 한자 어휘의 알맞은 뜻에 ○ 하세요.

(1) **신념** 　　굳게 (믿는 , 의심하는) 마음.

(2) **통신** 　　우편이나 전신, 전화 등으로 정보나 (소식 , 소문)을 전함.

어휘 추론!

도움말 다른 하나는 '삼갈 신(愼)'을 써요.

4 다음 문장을 읽고 '信'이 쓰인 한자 어휘를 찾아 번호를 쓰세요. 　　(　　　)

> 온라인으로 중고 물품을 사고팔 때는 ①신중하게 고민하고 결정해야 합니다. 또한 서로 ②신의를 지켜 약속을 어기지 않아야 합니다.

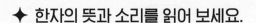

월   일

✦ 한자의 뜻과 소리를 읽어 보세요.

親

（뜻）　（소리）
친할　친

＊'친하다, 가깝다'의 뜻이 있어요.

나무(木)처럼 서서(立) 바라보는(見)
친한 사이를 나타낸 글자예요.

✦ 한자 어휘를 소리 내 읽어 보고 빈칸에 한자 어휘를 쓰세요.

親 근
가까울 近

뜻　사귀어 지내는 사이가 **가까움**. **친하여** 익숙하고 허물없음.

예문　나와 내 짝꿍은 형제처럼 ☐☐ 한 사이야.

親 절
끊을 切

뜻　사람을 대하는 태도가 **가깝게** 느껴지고 상냥함, 또는 그런 태도.

예문　우리 반 선생님은 늘 ☐☐ 하십니다.

親 척
친척 戚

뜻　부모나 배우자와 혈연관계가 있는 **가까운** 사람.

예문　명절마다 할머니 댁에서 ☐☐ 을 만나요.

親 구
예 舊

뜻　**가깝게** 오래 사귄 사람.　ⓑ 동무, 벗

예문　이사를 와서 새로운 ☐☐ 를 사귀었어.

1 다음 글 안에 있는 한자의 뜻과 소리를 쓰세요.

새 학년이 되면 새로운 **親**구들을 사귈 거예요.

(뜻) _____

(소리) _____

2 빈칸에 공통으로 들어갈 한자 어휘에 ○ 하세요.

• 개는 오래전부터 우리에게 [   ]한 동물입니다.

• 수미와 나는 처음에는 어색했는데 어느새 [   ]해졌어.

친절

친근

3 다음 뜻을 가진 한자 어휘를 초성을 참고하여 빈칸에 쓰세요.

(1) 부모나 배우자와 혈연관계가 있는 가까운 사람. | ㅊ | ㅊ |

(2) 사람을 대하는 태도가 가깝게 느껴지고 상냥함, 또는 그런 태도. | ㅊ | ㅈ |

어휘추론!

4 밑줄 친 한자 어휘에 유의하여 다음 글을 읽고 바르게 말한 친구를 고르세요. (   )

우리나라 문화가 세계 여러 나라 사람들에게 <u>친숙</u>해지고 있습니다.

① **준오**: 우리 문화가 다른 나라 사람들에게 낯설고 어색한가 봐.

② **채현**: 우리 문화가 다른 나라 사람들에게 친하고 익숙하게 느껴지나 봐.

✦ 한자의 뜻과 소리를 읽어 보세요.

뜻 **재주**   소리 **재**

* '재주, 재능'의 뜻이 있어요.

피아노를 잘 치는 친구처럼 무엇을 잘 하는 능력인 재주를 나타낸 글자예요.

✦ 한자 어휘를 소리 내 읽어 보고 빈칸에 한자 어휘를 쓰세요.

才 능
능할 能

뜻 어떤 일을 하는 데 필요한 **재주**와 능력.

예문 진수는 요리에 [ ][ ]이 많은 친구야.

才 담
말씀 談

뜻 말하는 **재주**. 웃기고 재미있게 이야기함. 그런 말이나 이야기.

예문 선생님은 [ ][ ]으로 우리를 재밌게 해 주셨다.

才 치
이를 致

뜻 눈치 빠른 **재주**, 또는 능란한 솜씨나 말씨.

예문 내 동생은 [ ][ ] 있게 말을 잘해서 인기가 많아요.

천 才
하늘 天

뜻 타고난 **재주**나 재능을 가진 사람.

예문 모차르트, 아인슈타인 같은 사람들을 [ ][ ]라고 부른다.

1 다음 글 안에 있는 한자의 뜻과 소리를 쓰세요.

옛이야기에는 조상들의 슬기와 **才**치가 담겨 있다.

(뜻) ＿＿＿＿＿＿＿＿

(소리) ＿＿＿＿＿＿＿＿

2 빈칸에 들어갈 한자 어휘를 찾아 선을 이으세요.

(1) 수지는 음악적 ☐ 이 있어서 가수가 꿈이야. • • ㉠ 재담

(2) 사회자의 ☐ 을 듣고 관객은 모두 웃음을 터뜨렸다. • • ㉡ 재능

3 다음 한자 어휘의 알맞은 뜻에 ○ 하세요.

(1) 천재 타고난 (재주나 재능 , 돈이나 명예)을/를 가진 사람.

(2) 재치 눈치 빠른 재주, 또는 능란한 솜씨나 (마음씨 , 말씨).

어휘추론!

도움말 다른 하나는 '재목 재(材)'를 써요.

4 다음 문장을 읽고 '才'가 쓰인 한자 어휘가 들어 있는 문장에 ✔ 하세요.

☐ ① 요리하기 전에 먼저 재료를 준비하세요.

☐ ② 이번 기회를 통해 마음껏 재량을 펼쳐 보렴.

✦ 한자의 뜻과 소리를 읽어 보세요.

뜻 재주   소리 술

* '재주, 기술, 꾀'의 뜻이 있어요.

재주를 부리고 다니는(行) 모습을 나타낸 글자예요.

✦ 한자 어휘를 소리 내 읽어 보고 빈칸에 한자 어휘를 쓰세요.

기 術
재주 技

뜻 사물을 잘 다루는 **재주**. 과학 이론을 실제로 적용하여 생활에 쓸모가 있게 하는 수단.

예문 고모는 식물을 키우는 ☐☐ 이 뛰어나요.

마 術
마귀 魔

뜻 여러 가지 손재주로 신기한 일을 해 보이는 **재주**.

예문 이제부터 카드 ☐☐ 이 시작됩니다!

예 術
재주 藝

뜻 학문과 **기술**. 아름다움을 창작하고 표현하는 활동.

예문 나는 조선 시대 ☐☐ 을 이해하기 위해 역사를 공부했다.

術 수
셈 數

뜻 어떤 일을 꾸미는 **꾀**나 방법.

예문 그는 ☐☐ 를 부리지 않고 성실하게 일했다.

1 다음 글 안에 있는 한자의 뜻과 소리를 쓰세요.

영진이는 **術**수를 부려 상대 팀을 속였다.

뜻 _____

소리 _____

2 빈칸에 알맞은 한자 어휘를 찾아 선으로 이으세요.

(1) 농업 ☐ 이 발달하면서 생산량이 늘어났다. •

• ㉠ 기술

(2) 마술사는 동전이 사라지는 ☐ 을 보여 주었다. •

• ㉡ 마술

3 밑줄 친 부분의 뜻을 가진 한자 어휘에 ○ 하세요.

나는 커서 발레리나가 되고 싶어요. 발레로 아름다움을 창작하고 표현하는 활동을 해서, 사람들에게 감동을 주고 싶기 때문이에요. 그게 제가 매일 발레를 연습하는 이유예요.

예술   예능   마술

어휘추론!

도움말 다른 하나는 '펼 술(述)'을 써요.

4 다음 문장을 읽고 '術'이 쓰인 한자 어휘가 들어 있는 문장에 ✓ 하세요.

☐ ① 이번 축제에서 다양한 무술 시범을 선보였습니다.

☐ ② 설명문은 어떤 사항을 이해하기 쉽게 객관적으로 서술한 글이다.

1 다음 글 안에 있는 한자의 뜻과 소리를 쓰세요.

> 시윤: 엄마, 내가 **親**구들하고 잘 지내는 비결이 뭔지 아세요?
>
> 엄마: 음, 아무래도 친구끼리 서로 **信**뢰해서이지 않을까?
>
> 시윤: 맞아요. 그리고 친구가 화났을 때 **才**치 있게 사과하는 기**術**도 중요해요.
>
> 엄마: 그렇구나. 우리 시윤이는 마음이 부**者**인 것 같아 기특한걸.

(1) **親** ( )   (2) **信** ( )

(3) **才** ( )   (4) **術** ( )

(5) **者** ( )

2 가로 열쇠, 세로 열쇠를 풀어 낱말 퍼즐을 완성하세요.

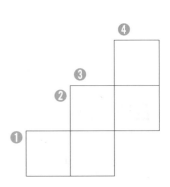

가로 열쇠

❶ 뜻 학문과 **기술**. 아름다움을 창작하고 표현하는 활동.
　예문 미술관에 가서 ○○ 작품을 감상했다.

❷ 뜻 신문, 방송 등에 실을 기사를 조사하여 쓰는 **사람**.
　예문 ○○들의 취재 경쟁이 뜨겁습니다.

세로 열쇠

❸ 뜻 사물을 잘 다루는 **재주**. 과학 이론을 실제로 적용하여 생활에 쓸모가 있게 하는 수단.
　예문 그 도예가는 도자기 굽는 ○○이 뛰어나.

❹ 뜻 힘이나 세력이 약한 **사람**.
　예문 강자보다 ○○의 편에서 생각해 보자.

3 빈칸에 들어갈 알맞은 한자 어휘를 <보기>에서 찾아 쓰세요.

> **보기**
>
> 승자   신념   재능   천재

(1) 선생님께서 가장 중요하게 생각하시는 (   )은/는 정직이다.

(2) 요즘은 한 분야에서 특별한 (   )을/를 가진 사람들이 성공한다.

(3) 3번 팀이 이번 오디션의 (   )이/가 되어 데뷔를 하게 되었습니다.

4 빈칸에 들어갈 한자 어휘에 ○ 하세요.

> 지난 어린이날에 광장에서 축제가 열렸어요. 축제에서 가장 기억에 남는 것은 [   ] 가 모자 안에 들어 있던 비둘기를 사라지게 한 일이었어요.

마술사   기술사   예술사

5 다음 글을 읽고 밑줄 친 한자 어휘 중 '者'가 쓰인 것을 찾아 쓰세요.

> 슈바이처는 아프리카에서 가난한 병자들을 치료하고 돕는 데 자신의 일생 모두를 바쳤다. 그의 이러한 공로로 1952년에는 노벨 평화상도 수상하였다. 그는 의술도 뛰어났지만 그가 가진 자비로운 마음씨야말로 우리가 본받아야 할 점이다. 그는 봉사와 희생이 무엇인지 깨닫게 해 주는 훌륭한 위인이다.

(   )

05 시간·1

월   일

✦ 한자의 뜻과 소리를 읽어 보세요.

때 시

* '때, 그때, 시간'의 뜻이 있어요.

해(日)가 움직이면서 시간이 흐른다는 것을 나타낸 글자예요.

✦ 한자 어휘를 소리 내 읽어 보고 빈칸에 한자 어휘를 쓰세요.

時 대
대신할 代

뜻   역사적으로 어떤 특징을 기준으로 나눈 일정한 **때**.

예문   선사 ☐☐ 유물이 발견되었다.

時 기
기약할 期

뜻   어떤 일이나 현상이 진행되는 **때**.

예문   가을은 잘 익은 벼를 수확하는 ☐☐ 이다.

즉 時
곧 即

뜻   어떤 일이 일어나는 바로 **그때**.

예문   무슨 일이 생기면 엄마한테 ☐☐ 전화하렴.

잠 時
잠깐 暫

뜻   짧은 **시간**.   🔵 잠깐

예문   의자에 앉아서 ☐☐ 쉬다가 가세요.

1 다음 글 안에 있는 한자의 뜻과 소리를 쓰세요.

오월은 장미꽃이 피는 **時**기입니다.

뜻 _____

소리 _____

2 빈칸에 알맞은 한자 어휘를 찾아 선으로 이으세요.

(1) 공부를 하다가 ☐ 멈추고 체조를 했어요.   •   • ㉠   시대

(2) 구석기 ☐ 사람들은 주로 동굴 속에서 살았다.   •   • ㉡   잠시

3 밑줄 친 부분의 뜻을 가진 한자 어휘에 ○ 하세요.

김 선수는 옐로카드를 한 번만 더 받으면 <u>바로 그때</u> 퇴장이다.

수시   즉시   임시

어휘 추론!

도움말 다른 하나는 '비로소 시(始)'를 써요.

4 다음 문장을 읽고 '時'가 쓰인 한자 어휘를 찾아 번호를 쓰세요.   (   )

①<u>시</u>계가 정각이 되자마자 공연 ②<u>시</u>작을 알리는 종소리가 들렸어요.

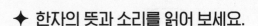

✦ 한자의 뜻과 소리를 읽어 보세요.

뜻 **아침**   소리 **조**

＊'아침'의 뜻이 있어요.
＊'왕조'의 뜻도 있어요.

달(月)이 지며 날(日)이 밝아 오는 아침을 나타낸 글자예요.

✦ 한자 어휘를 소리 내 읽어 보고 빈칸에 한자 어휘를 쓰세요.

朝 회
모일 會

뜻 학교나 관청에서 **아침**에 모든 구성원이 한자리에 모이는 일.

예문 ☐☐ 시간이니 모두 모여 주세요.

朝 간
새길 刊

뜻 날마다 **아침**에 펴내는 신문. 반 석간

예문 예전에는 ☐☐ 을 배달시켜서 보는 집이 많았단다.

조 朝
이를 무

뜻 이른 **아침**.

예문 오늘 엄마와 함께 ☐☐ 영화를 보았습니다.

왕 朝
임금 王

뜻 **왕조**. 같은 집안에서 난 왕들이 다스리는 시대.

예문 조선 ☐☐ 500년.

＊이 어휘에서는 '왕조'의 뜻으로 써요.

1 다음 글 안에 있는 한자의 뜻과 소리를 쓰세요.

> 할머니는 아침마다 **朝**간 신문을 읽으셨다.

뜻 _____

소리 _____

2 빈칸에 들어갈 한자 어휘를 <보기>에서 찾아 쓰세요.

보기

조회	조간	조석	조조

(1) 내일 (   ) 영화를 보려면 오늘은 일찍 자야겠어.

(2) 아빠는 월요일마다 회사에서 (   )을/를 해서 일찍 출근하신다.

3 다음 한자 어휘의 알맞은 뜻에 ○ 하세요.

(1) 조간   날마다 (아침 , 저녁)에 펴내는 신문.

(2) 왕조   같은 집안에서 난 (벼슬 , 왕)들이 다스리는 시대.

4 다음 한자 어휘 중 '朝'가 쓰인 것에 ✔ 하세요.

☐ ① 조식 ➡ 아침밥.

☐ ② 조명 ➡ 무대나 사진 촬영의 대상에 빛을 비춤, 또는 그 빛.

월   일

✦ 한자의 뜻과 소리를 읽어 보세요.

(뜻) (소리)
낮 주

*'낮'의 뜻이 있어요.

해(日)가 떠 있는 낮의 모습을 나타낸 글자예요.

✦ 한자 어휘를 소리 내 읽어 보고 빈칸에 한자 어휘를 쓰세요.

晝간
사이 間

(뜻) 먼동이 터서 해가 지기 전까지의 **낮** 동안. **반** 야간

(예문) 실습은 ▢▢ 반과 야간 반으로 나누어 운영된다.

晝야
밤 夜

(뜻) **낮**과 밤. 쉬지 않고 계속함.

(예문) 경비원들은 ▢▢ 교대로 일을 해요.

백晝
흰 白

(뜻) 환히 밝은 **낮**.

(예문) 옆집에 ▢▢ 부터 도둑이 들었다나 봐.

晝경야독
밭갈 耕   밤 夜   읽을 讀

(뜻) **낮**에는 농사짓고, 밤에는 글을 읽음.

(예문) ▢▢▢▢ 해서 합격했어.

1 다음 글 안에 있는 한자의 뜻과 소리를 쓰세요.

> **晝**경야독이란 어렵고 힘든 여건 속에서도 공부를 게을리 하지 않고 열심히 한다는 뜻이야.

(뜻) _____

(소리) _____

2 빈칸에 공통으로 들어갈 한자 어휘에 ○ 하세요.

> • 엄마는 아침에 출근하셔서 ☐☐에는 회사에 계세요.
>
> • 밤낮을 교대로 일하는 삼촌은 이번 달은 ☐☐ 근무라며 아침에 출근해서 좋다고 하셨다.

주간
- - - - -
야간

3 다음 뜻을 가진 한자 어휘를 초성을 참고하여 빈칸에 쓰세요.

(1)

| 환히 밝은 낮. | ㅂ | ㅈ |

(2)

| 낮과 밤. 쉬지 않고 계속함. | ㅈ | ㅇ |

도움말 다른 하나는 '달릴 주(走)'를 써요.

4 다음 문장을 읽고 '晝'가 쓰인 한자 어휘가 들어 있는 문장에 ✔ 하세요.

☐ ① 방학했다고 해서 주야장천 잠만 자면 안 되지!

☐ ② 오늘은 숙제하랴 축구하랴 동분서주로 바빴어.

✦ 한자의 뜻과 소리를 읽어 보세요.

뜻 낮   소리 오

* '낮'의 뜻이 있어요.

해가 머리 위에 떠 있는 한낮을 나타낸 글자예요.

✦ 한자 어휘를 소리 내 읽어 보고 빈칸에 한자 어휘를 쓰세요.

午 전
앞 前

뜻 밤 열두 시부터 **낮** 열두 시까지의 시간.   반 오후

예문 음악회가 [   ][   ] 10시 반에 시작해요.

午 후
뒤 後

뜻 **낮** 열두 시부터 밤 열두 시까지의 시간.   반 오전

예문 내일 [   ][   ] 2시에 도서관 앞에서 만나자.

정 午
바를 正

뜻 **낮** 열두 시.   반 자정

예문 한여름 [   ][   ]의 태양이 뜨겁다.

午 찬
밥 餐

뜻 손님을 초대하여 함께 먹는 **낮** 식사.

예문 대통령은 귀빈들과 [   ][   ]을 함께했어요.

1 다음 글 안에 있는 한자의 뜻과 소리를 쓰세요.

> 오늘 아빠는 **午**전 근무만 하고 퇴근한다고 하셨다.

뜻 _____

소리 _____

2 빈칸에 공통으로 들어갈 한자 어휘를 초성을 참고하여 쓰세요.

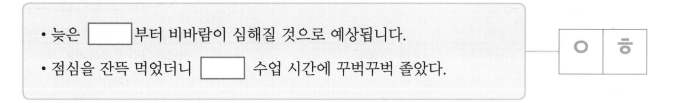

- 늦은 ☐☐부터 비바람이 심해질 것으로 예상됩니다.
- 점심을 잔뜩 먹었더니 ☐☐ 수업 시간에 꾸벅꾸벅 졸았다.

| ㅇ | ㅎ |

3 밑줄 친 부분의 뜻을 가진 한자 어휘를 찾아 선을 이으세요.

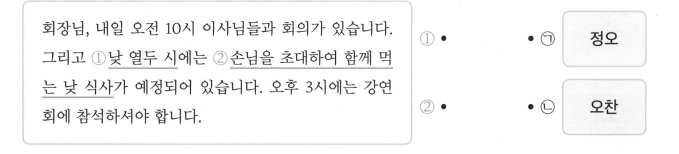

> 회장님, 내일 오전 10시 이사님들과 회의가 있습니다. 그리고 ①낮 열두 시에는 ②손님을 초대하여 함께 먹는 낮 식사가 예정되어 있습니다. 오후 3시에는 강연회에 참석하셔야 합니다.

① •   • ㉠ 정오

② •   • ㉡ 오찬

4 다음 한자 어휘의 예문을 읽어 보고 뜻에 알맞은 말에 ○ 하세요.

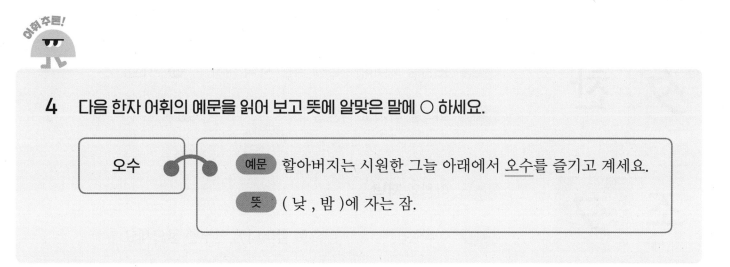

오수

예문 할아버지는 시원한 그늘 아래에서 오수를 즐기고 계세요.

뜻 (낮 , 밤)에 자는 잠.

✦ 한자의 뜻과 소리를 읽어 보세요.

뜻   소리
저녁 석

＊'저녁'의 뜻이 있어요.

어두운 하늘에 뜬 반달의 모습을 본떠 저녁을 나타낸 글자예요.

✦ 한자 어휘를 소리 내 읽어 보고 빈칸에 한자 어휘를 쓰세요.

夕 식
밥/먹을 食

뜻 **저녁** 끼니로 먹는 밥.

예문 아빠는 주로 회사에서 [ ][ ]을 드신다.

夕 양
볕 陽

뜻 **저녁**때의 햇빛, 또는 **저녁**때의 지는 해.

예문 바다 저편에 [ ][ ]이 아름답습니다.

夕 찬
밥 餐

뜻 손님을 초대하여 함께 먹는 **저녁** 식사.   만찬

예문 회의를 마치고 임원들과 [ ][ ]을 했다.

조 夕
아침 朝

뜻 아침과 **저녁**.

예문 아빠는 [ ][ ]으로 할머니께 안부를 물으세요.

1 다음 글 안에 있는 한자의 뜻과 소리를 쓰세요.

가을이 되니 조夕으로 선선한 바람이 분다.

뜻 _____

소리 _____

2 빈칸에 들어갈 한자 어휘를 찾아 선을 이으세요.

(1) 하늘이 붉은 [   ]으로 물들었어요.   •   • ㉠ 석양

(2) 야간 근무자들에게는 항상 [   ]이 제공됩니다.   •   • ㉡ 석식

3 다음 한자 어휘의 알맞은 뜻에 ○ 하세요.

(1) | 조석 | 아침과 (점심 , 저녁). |

(2) | 석찬 | 손님을 초대하여 함께 먹는 (아침 , 저녁) 식사. |

어휘 추론!

도움말 다른 하나는 '돌 석(石)'을 써요.

4 다음 문장을 읽고 '夕'이 쓰인 한자 어휘가 들어 있는 문장에 ✓ 하세요.

[ ] ① 엄마는 저녁을 드시고 인터넷으로 석간을 보셨어요.

[ ] ② 비석의 글씨가 비바람에 씻겨 알아보기 어려웠습니다.

1 다음 글 안에 있는 한자의 뜻과 소리를 쓰세요.

> **朝**회 시간에 선생님께서 **晝**경야독했던 위인들에 대해 말씀해 주셨다.

(1) **朝** (   )   (2) **晝** (   )

> 저녁 무렵, 하늘을 바라보니 뜨거웠던 **午**후의 태양이 천천히 지고 있었다. 우리는 잠**時** 가던 길을 멈춰 서서 아름다운 **夕**양을 한참 동안 감상했다.

(3) **午** (   )   (4) **時** (   )

(5) **夕** (   )

2 다음 뜻과 예문에 맞는 한자 어휘를 글자판에서 찾아 묶으세요.

① **뜻** 먼동이 터서 해가 지기 전까지의 **낮** 동안.
　 예문 ○○보다 야간이 더 바빠요.

② **뜻** 날마다 **아침**에 펴내는 신문.
　 예문 ○○ 신문에 속보가 실렸어.

③ **뜻** 손님을 초대하여 함께 먹는 **저녁** 식사.
　 예문 내일 저녁은 손님들과 ○○을 즐길 예정이다.

④ **뜻** 역사적으로 어떤 특징을 기준으로 나눈 일정한 **때**.
　 예문 선사 ○○로 돌아간 기분이야.

⑤ **뜻** 어떤 일이나 현상이 진행되는 **때**.
　 예문 가을은 단풍이 아름다운 ○○이다.

석	주	시	기
조	간	조	상
전	회	시	대
석	찬	간	다

3 다음 뜻과 예문에 맞는 한자 어휘를 초성을 참고하여 쓰세요.

(1)

ㅅ	ㅅ

뜻 저녁 끼니로 먹는 밥.

예문 ○○으로 갈비탕이 준비되어 있습니다.

(2)

ㅈ	ㅅ

뜻 아침과 저녁.

예문 할아버지께 ○○으로 문안 인사를 드렸어요.

(3)

ㅇ	ㅊ

뜻 손님을 초대하여 함께 먹는 낮 식사.

예문 대통령은 각계 인사들을 초청해서 ○○을 함께하였다.

4 빈칸에 들어갈 한자 어휘를 <보기>에서 찾아 쓰세요.

보기

주야	석찬	즉시	왕조

(1) 언니는 시험 기간이 되면 (   )(으)로 쉬지 않고 공부해.

(2) 등교 시간에 가방을 잃어버린 학생은 (   ) 교무실로 와 주세요.

(3) 고려 시대가 끝나고 이씨 왕들이 통치하는 조선 (   )이/가 시작되었다.

5 다음 글을 읽고 밑줄 친 한자 어휘 중 '午'가 쓰인 것을 모두 찾아 쓰세요.

태민: 주은아, 내일 같이 환경 <u>오염</u>에 대한 다큐 영화 보러 갈래?

주은: 좋아. <u>오전</u>에 일찍 만나서 보러 가자.

태민: 그래. 영화 다 보고 나면 <u>정오</u> 쯤이 되니까 우리 집에 같이 가서 점심도 먹자.

(,   )

06 상태·2

✦ 한자의 뜻과 소리를 읽어 보세요.

(뜻) (소리)

바를 정

* '바르다, 바로'의 뜻이 있어요.

의자에 곧은 자세로 앉은 아이처럼 바른 것을 나타낸 글자예요.

✦ 한자 어휘를 소리 내 읽어 보고 빈칸에 한자 어휘를 쓰세요.

正 답
대답 答

뜻   **바른** 답. (반) 오답

예문   수수께끼의 [ ][ ]을 맞혀 보세요.

正 확
굳을 確

뜻   **바르고** 확실함. (반) 부정확

예문   값을 [ ][ ]하게 계산하도록 하자.

正 자
글자 字

뜻   서체가 **바르고** 또박또박 쓴 글자.

예문   답을 쓸 때는 [ ][ ]로 쓰세요.

正 각
새길 刻

뜻   틀림없는 **바로** 그 시각.

예문   아침 7시 [ ][ ]에 알람을 맞춰 났어.

1 다음 글 안에 있는 한자의 뜻과 소리를 쓰세요.

우리 학교는 12시 **正**각에 점심을 먹어요.

뜻 _____

소리 _____

2 빈칸에 들어갈 한자 어휘를 <보기>에서 찾아 쓰세요.

보기

정답   정각   정상   정확

(1) 다음 문제를 보고 답을 (   )하게 써 보세요.

(2) 다 풀었으면 해설을 보고 (   )이 맞는지 확인해 봐.

3 다음 뜻을 가진 한자 어휘를 초성을 참고하여 빈칸에 쓰세요.

(1) 틀림없는 바로 그 시각.   ㅈ ㄱ

(2) 서체가 바르고 또박또박 쓴 글자.   ㅈ ㅈ

4 다음 한자 어휘 중 '正'이 쓰인 것에 ✓ 하세요.

☐ ① 정원 ➤ 집 안에 있는 뜰이나 꽃밭.

☐ ② 정당 ➤ 이치에 맞아 올바르고 마땅함.

월   일

✦ 한자의 뜻과 소리를 읽어 보세요.

直

뜻 곧을   소리 직

＊'곧다, 바로'의 뜻이 있어요.

쭉 뻗은 길처럼 굽지 않고 똑바른 것을 나타낸 글자예요.

✦ 한자 어휘를 소리 내 읽어 보고 빈칸에 한자 어휘를 쓰세요.

정 直
바를 正

뜻 마음에 거짓이나 꾸밈이 없이 바르고 **곧음**.

예문 우리 학교 교훈은 '⬚⬚한 사람이 되자.'이다.

直 **진**
나아갈 進

뜻 **곧게** 나아감.

예문 이 길을 따라 ⬚⬚하면 지하철역이 있어요.

直 **접**
이을 接

뜻 중간에 아무것도 끼지 않고 **바로**. 빤 간접

예문 이 빵은 내가 ⬚⬚ 구운 거예요.

直 **전**
앞 前

뜻 어떤 일이 일어나기 **바로** 전. 빤 직후

예문 학교에 가려고 집을 나서기 ⬚⬚에 배가 아팠다.

1 다음 글 안에 있는 한자의 뜻과 소리를 쓰세요.

준민이는 정말 정直한 친구예요.

（뜻）＿＿＿＿＿＿＿

（소리）＿＿＿＿＿＿＿

2 빈칸에 들어갈 한자 어휘를 글자 카드에서 찾아 만들어 쓰세요.

(1) 인기 가수를 눈앞에서 (   ) 봤어요.

접 　 직 　 전

(2) 오른쪽 길로 쭉 (   )하면 학교가 있어.

직 　 집 　 진

3 밑줄 친 부분의 뜻을 가진 한자 어휘를 찾아 ○ 하세요.

주문하신 떡볶이가 바로 전에 출발했어요. 조금만 기다려 주시면 곧 도착합니다. 식기 전에 맛있게 드세요.

직진
직전

4 다음 한자 어휘의 예문을 읽어 보고 뜻에 알맞은 말에 ○ 하세요.

직선

예문 종이에 가로와 세로를 직선으로 그어서 표를 만들었다.

뜻 꺾이거나 굽은 데가 없는 (곧은 , 굵은) 선.

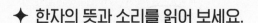
✦ 한자의 뜻과 소리를 읽어 보세요.

(뜻) (소리)
공평할 공

* '공평하다, 공정하다'의 뜻이 있어요.
* '여러, 관청'의 뜻도 있어요.

사탕을 똑같이 나눈 아이들처럼 한쪽으로 치우치지 않고 공평한 것을 나타낸 글자예요.

✦ 한자 어휘를 소리 내 읽어 보고 빈칸에 한자 어휘를 쓰세요.

公 평
평평할 平

(뜻) **공평**. 어느 한쪽으로도 치우치지 않고 **공정함**.   (반) **불공평**

(예문) 우리 [   ][   ] 하게 나눠 먹자.

公 개
열 開

(뜻) 어떤 사실이나 사물, 내용 등을 **여러** 사람에게 널리 알림.

(예문) 오늘 처음으로 [   ][   ] 된 문화재입니다.

* 이 어휘에서는 '여러'의 뜻으로 써요.

公 연
펼 演

(뜻) 음악, 무용, 연극 등을 **여러** 사람 앞에서 보이는 일.

(예문) 우리 반은 음악 [   ][   ] 을 준비했습니다.

* 이 어휘에서는 '여러'의 뜻으로 써요.

公 문
글월 文

(뜻) **관청**과 같은 공공 기관에서 작성한 서류.

(예문) 폭설로 학교에 휴교령을 내리라는 [   ][   ] 이 왔다.

* 이 어휘에서는 '관청'의 뜻으로 써요.

1 다음 글 안에 있는 한자의 뜻과 소리를 쓰세요.

학교 게시판에 公문이 붙어 있었다.

뜻 _____

소리 _____

2 빈칸에 들어갈 한자 어휘를 찾아 선을 이으세요.

(1) 정부는 시민들에게 정보를 ☐하였습니다. •

• ㉠ 공연

(2) 아이들은 ☐을/를 하러 차례차례 무대로 올라왔다. •

• ㉡ 공개

3 밑줄 친 부분의 뜻을 가진 한자 어휘에 ○ 하세요.

진수가 이번 경기에서 심판을 어느 한쪽으로도 치우치지 않고 공정하게 잘 봤어.

공평   공유   공감

도움말 다른 하나는 '한가지 공(共)'을 써요.

4 다음 문장을 읽고 '公'이 쓰인 한자 어휘가 들어 있는 문장에 ✓ 하세요.

☐ ① 언론 기관은 공정한 보도를 해야 합니다.

☐ ② 이번 경기는 두 팀이 공동으로 일 등을 했습니다.

✦ 한자의 뜻과 소리를 읽어 보세요.

뜻   소리
평평할 평

* '평평하다, 고르다'의 뜻이 있어요.
* '나란하다, 보통'의 뜻도 있어요.

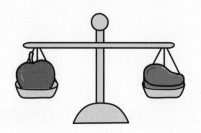

수평을 이룬 저울처럼 평평한 것을 나타낸 글자예요.

✦ 한자 어휘를 소리 내 읽어 보고 빈칸에 한자 어휘를 쓰세요.

平 지 땅地

뜻   바닥이 **평평한** 땅.

예문   이 언덕을 내려가면 ☐☐ 가 나와요.

平 등 무리 等

뜻   권리, 의무, 자격 등이 차별 없이 **고르고** 똑같음.   반 차별

예문   우리는 모두 ☐☐ 한 국민입니다.

平 행 다닐 行

뜻   **나란히** 감. 두 개의 직선이 **나란히** 있어 서로 만나지 않음.

예문   이 도로는 바다와 ☐☐ 으로 놓여 있다.

* 이 어휘에서는 '나란하다'의 뜻으로 써요.

平 일 날 日

뜻   토요일, 일요일, 공휴일이 아닌 **보통**날.

예문   ☐☐ 에는 게임을 하지 않기로 약속했어.

* 이 어휘에서는 '보통'의 뜻으로 써요.

1 다음 글 안에 있는 한자의 뜻과 소리를 쓰세요.

> 장애인들에게도 **平**등한 기회가 주어져야 한다.

(뜻) _____

(소리) _____

2 빈칸에 들어갈 한자 어휘를 초성을 참고하여 쓰세요.

두 개의 기찻길이 [　　　　]을/를 이루고 있다.

ㅍ	ㅎ

3 밑줄 친 부분의 뜻을 가진 한자 어휘를 찾아 선을 이으세요.

(1) 이 음식점은 주말보다 <u>보통날</u> 손님이 더 많다. •

• ㉠ 평지

(2) 산을 올라가 보니 <u>바닥이 평평한 땅</u>이 나왔습니다. •

• ㉡ 평일

어휘추론!

도움말 다른 하나는 '평할 평(評)'을 써요.

4 다음 문장을 읽고 '平'이 쓰인 한자 어휘가 들어 있는 문장에 ✓ 하세요.

[　] ① 오늘 학교에서 단원 <u>평가</u>를 봤어요.

[　] ② 넓은 <u>평야</u>에 곡식이 누렇게 익어갑니다.

월   일

✦ 한자의 뜻과 소리를 읽어 보세요.

뜻 **소리**
이로울 **리**(이)

* '이롭다, 유익하다'의 뜻이 있어요.
* '날카롭다'의 뜻도 있어요.
* '리'는 맨 앞에 오면 '이'로 읽고 써요.

몸에 좋은 채소처럼 이로운 것을 나타 낸 글자예요.

✦ 한자 어휘를 소리 내 읽어 보고 빈칸에 한자 어휘를 쓰세요.

利 득
얻을 得

뜻 **이로움**을 얻음, 또는 그 이익.

예문 지붕에 태양광을 설치해서 ⬚⬚을 봤습니다.

利 용
쓸 用

뜻 대상을 필요에 따라 **이롭게** 씀.

예문 도서관에서 컴퓨터를 ⬚⬚할 수 있어요.

利 자
아들 子

뜻 다른 사람의 돈을 **유익하게** 빌려 쓴 대가로 치르는 돈.

예문 통장에 저금했더니 ⬚⬚가 쌓였어.

예 利
날카로울 銳

뜻 끝이 뾰족하거나 **날카로움**.

예문 새로 산 가위 날이 ⬚⬚하구나.

* 이 어휘에서는 '날카롭다'의 뜻으로 써요.

1 다음 글 안에 있는 한자의 뜻과 소리를 쓰세요.

송곳 끝이 예**利**하니 조심하세요!

뜻 _____

소리 _____

2 빈칸에 들어갈 한자 어휘를 글자 카드에서 찾아 만들어 쓰세요.

(1) 비닐봉투 대신 장바구니를 ( )해.

| 이 | 예 | 용 |

(2) 은행에 돈을 맡기면 ( )가 붙는다.

| 자 | 도 | 이 |

3 다음 뜻을 가진 한자 어휘를 초성을 참고하여 빈칸에 쓰세요.

(1) 끝이 뾰족하거나 날카로움.

| ㅇ | ㄹ |

(2) 이로움을 얻음, 또는 그 이익.

| ㅇ | ㄷ |

어휘추론!

도움말 다른 하나는 '떠날 리(이(離))'를 써요.

4 다음 글을 읽고 '利'가 쓰인 한자 어휘를 찾아 번호를 쓰세요. ( )

우리 동네는 살기 ①편리해요. 조금만 걸어가도 버스나 지하철을 이용할 수 있어요.
그리고 가까운 ②거리에 번화한 시장이 있어서 좋아요.

1 다음 글 안에 있는 한자의 뜻과 소리를 쓰세요.

> 이달의 바른 어린이 상
> 위 어린이는 회장으로서 늘
> **正直**하고 **公平**한 태도로
> 친구들을 대했으며,
> 도서관 **利**용 시 친구들을 도와
> 타의 모범이 되었으므로
> 이 상장을 수여합니다.

(1) 正 ( )
(2) 直 ( )
(3) 公 ( )
(4) 平 ( )
(5) 利 ( )

2 가로 열쇠, 세로 열쇠를 풀어 낱말 퍼즐을 완성하세요.

(1)

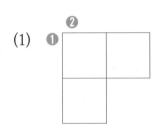

가로 열쇠

❶ 뜻 어떤 일이 일어나기 **바로** 전.
예문 시은이는 네가 도착하기 ○○에 집에 갔어.

세로 열쇠

❷ 뜻 **곧게** 나아감.
예문 방향을 꺾지 말고 ○○하세요.

(2)

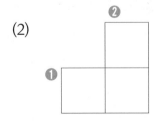

가로 열쇠

❶ 뜻 서체가 **바르고** 또박또박 쓴 글자.
예문 잘 알아볼 수 있게 ○○로 써 주세요.

세로 열쇠

❷ 뜻 다른 사람의 돈을 **유익하게** 빌려 쓴 대가로 치르는 돈.
예문 은행에서 돈을 빌리면 ○○를 내야 한다.

3 뜻풀이에 맞는 한자 어휘를 찾아 선을 이으세요.

(1) 바르고 확실함. •

(2) 바닥이 **평평한** 땅. •

(3) **이로움**을 얻음, 또는 그 이익. •

(4) 중간에 아무것도 끼지 않고 **바로**. •

• ㉠ 평지

• ㉡ 정확

• ㉢ 직접

• ㉣ 이득

4 다음 밑줄 친 한자 어휘를 잘못 사용한 친구를 고르세요. ( )

① 성진: **평행**한 두 직선은 절대 만나지 않아.

② 윤민: 3시 **정각**에 학교 정문 앞에서 만나자.

③ 희수: 심판은 상대팀의 편만 드는 **공평**한 태도를 취했어.

5 다음 대화를 읽고 밑줄 친 한자 어휘 중 '公'이 쓰인 것을 모두 찾아 쓰세요.

> 정민: 이번 주에 하는 그 **공연** 알지? 평일에는 **공석**이 많아서 표를 할인해 준대.
>
> 혜선: 오, 그런 좋은 정보가 있다니! 반 아이들한테도 **공지**해서 같이 가자고 하자.
>
> 정민: 좋은 생각이야! 내가 게시판에 써 놓을게.

(,)

07 상태·3

지난주의 한자 배운 한자를 떠올리며 빈칸에 뜻과 소리를 쓰세요.

正　　直　　公　　平　　利

____　　____　　____　　____　　____

월   일

✦ 한자의 뜻과 소리를 읽어 보세요.

뜻   소리
따뜻할 온

＊'따뜻하다'의 뜻이 있어요.

물(氵)이 따뜻한 것을 나타낸 글자예요.

✦ 한자 어휘를 소리 내 읽어 보고 빈칸에 한자 어휘를 쓰세요.

溫 수
물 水

뜻 **따뜻하게** 데워진 물.   냉수

예문 정수기에서 냉수와 [　｜　]가 나와서 편리해요.

溫 도
법도 度

뜻 **따뜻함**과 차가움의 정도.

예문 여름이라 그런지 집안 [　｜　]가 높네.

溫 천
샘 泉

뜻 **따뜻한** 지하수로 목욕할 수 있게 만든 시설이나 장소.

예문 다음 주말에는 [　｜　]에 다녀오자.

체 溫
몸 體

뜻 몸의 **따뜻함**과 차가움의 정도.

예문 열이 나는 것 같은데 [　｜　]을 재어 볼까?

1 다음 글 안에 있는 한자의 뜻과 소리를 쓰세요.

체溫이 변하는 동물을 변온 동물이라고 해요.

뜻 _____

소리 _____

2 빈칸에 공통으로 들어갈 한자 어휘에 ○ 하세요.

• 갑자기 [   ]가 나오지 않아서 찬물로 씻었어요.

• 보일러를 고치니까 이제 [   ]가 잘 나오는구나.

냉수

온수

3 퀴즈를 읽고 알맞은 답을 쓰세요.

이곳은 어디일까요?

힌트 1. 이곳은 추운 겨울에도 땅속에서 따뜻한 물이 솟아나요.

힌트 2. 이곳에 가면 언제나 따뜻한 물로 목욕을 할 수 있어요.

(_____)

어휘추론!

4 밑줄 친 한자 어휘에 유의하여 다음 글을 읽고 바르게 말한 친구를 고르세요. ( )

지구의 해수면이 환경 오염으로 매년 조금씩 올라가고 있습니다. 기온이 올라가면서 남극과 북극의 빙하가 점점 더 빨리 녹고 있기 때문이에요.

① 현이: 대기의 온도가 점점 올라가고 있구나.

② 세라: 대기의 압력이 점점 올라가고 있구나.

✦ 한자의 뜻과 소리를 읽어 보세요.

太

뜻 소리
클 태

* '크다, 매우'의 뜻이 있어요.
* '처음'의 뜻도 있어요.

아빠 손이 커요.

'大(큰 대)'에 점 하나를 찍어 큰 것을 나타낸 글자예요.

✦ 한자 어휘를 소리 내 읽어 보고 빈칸에 한자 어휘를 쓰세요.

太 평 양
평평할 平   큰 바다 洋

뜻 오대양. 다섯 개의 **큰** 바다 중 하나.

예문 우리나라는 [   ][   ][   ] 북서쪽에 있어.

太 양
볕 陽

뜻 태양계의 중심에 있으며 온도가 **매우** 높은 별.

예문 아침이 되자 눈부신 [   ][   ] 이 떠올랐어요.

太 평
평평할 平

뜻 아무 근심 걱정이 없음. 나라가 안정되어 **매우** 평안함.

예문 할 일이 이렇게나 많은데 [   ][   ] 하게 잠만 잘 거야?

太 초
처음 初

뜻 하늘과 땅이 생겨난 맨 **처음**.

예문 우주는 [   ][   ] 에 어떤 모습이었을까?

* 이 어휘에서는 '처음'의 뜻으로 써요.

1 다음 글 안에 있는 한자의 뜻과 소리를 쓰세요.

지구는 **太**양 주위를 돌아요.

뜻 _____

소리 _____

2 빈칸에 들어갈 한자 어휘를 글자 카드에서 찾아 만들어 쓰세요.

(1) 비행기는 (   ) 상공을 날고 있었다.

| 태 | 양 | 평 |

(2) (   )이/가 내리쬐니 땀이 많이 나.

| 양 | 초 | 태 |

3 밑줄 친 부분의 뜻을 가진 한자 어휘를 찾아 선을 이으세요.

새로운 임금은 백성을 위한 정치를 바탕으로 나라를 이끌어 나갔다. 그로 인해 백성들은 ① 하늘과 땅이 생겨난 맨 처음 이래, ② 나라가 안정되어 매우 평안하였다.

① •   • ㉠   태평

② •   • ㉡   태초

어휘추론!

도움말 다른 하나는 '모습 태(態)'를 써요.

4 다음 문장을 읽고 '太'가 쓰인 한자 어휘가 들어 있는 문장에 ✓ 하세요.

☐ ① 은서는 수업 시간에 태도가 바른 학생이구나.

☐ ② 이 땅은 태고부터 우리 민족이 살았던 곳이다.

✦ 한자의 뜻과 소리를 읽어 보세요.

뜻 **소리**
느낄 감

* '느끼다'의 뜻이 있어요.

마음(心)으로 무엇인가를 느끼는 것을
나타낸 글자예요.

✦ 한자 어휘를 소리 내 읽어 보고 빈칸에 한자 어휘를 쓰세요.

感 각
깨달을 覺

뜻 오감을 통해 자극을 **느낌**. 사물에서 받는 인상이나 **느낌**.

예문 손발이 꽁꽁 얼어서 ☐☐ 이 무뎌졌어.

感 동
움직일 動

뜻 크게 **느껴** 마음이 움직임.

예문 어머니께서 주신 사랑에 ☐☐ 했습니다.

感 사
사례할 謝

뜻 고마움을 **느낌**, 또는 그런 마음.

예문 ☐☐ 의 마음을 전하고 싶어서 선물을 준비했어요.

感 상 문
생각 想   글월 文

뜻 어떤 사물이나 현상을 보고 **느낀** 바를 쓴 글.

예문 영화를 보고 ☐☐☐ 을 써 봅시다.

1 다음 글 안에 있는 한자의 뜻과 소리를 쓰세요.

스승의 날은 선생님의 은혜에 **感**사하는 날입니다.

(뜻) _____

(소리) _____

2 빈칸에 들어갈 한자 어휘를 <보기>에서 찾아 쓰세요.

보기

감동   감상문   감탄   감각

(1) 민아는 예술적 (   )이 뛰어나서 그림을 잘 그려.

(2) 오늘 숙제는 좋아하는 책을 읽고 독서 (   )을 쓰는 거예요.

3 다음 뜻을 가진 한자 어휘를 초성을 참고하여 빈칸에 쓰세요.

(1) 크게 느껴 마음이 움직임. ─── ㄱ ㄷ

(2) 고마움을 느낌, 또는 그런 마음. ─── ㄱ ㅅ

어휘추론!

도움말 다른 하나는 '덜 감(減)'을 써요.

4 다음 문장을 읽고 '感'이 쓰인 한자 어휘가 들어 있는 문장에 ✔ 하세요.

☐ ① 아빠의 음식 솜씨에 우리 식구들 모두가 감탄했어요.

☐ ② 우리나라는 해마다 인구가 급격히 감소하고 있습니다.

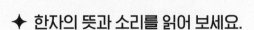

✦ 한자의 뜻과 소리를 읽어 보세요.

(뜻) (소리)
사랑 애

* '사랑하다, 즐기다'의 뜻이 있어요.

마음(心)으로 무엇을 사랑하는 것을 나타낸 글자예요.

✦ 한자 어휘를 소리 내 읽어 보고 빈칸에 한자 어휘를 쓰세요.

愛 정
뜻 情

뜻 **사랑**하는 마음.

예문 할머니께서는 ☐☐ 을 쏟아서 절 돌봐 주셨어요.

愛 완
즐길 玩

뜻 동물이나 물건을 좋아하여 가까이 두고 **사랑**하고 귀여워함.

예문 우리 가족은 ☐☐ 동물을 키우고 있어요.

우 愛
벗 友

뜻 형제간 또는 친구 간의 **사랑**. 🔵 우정

예문 수현이네 형제는 ☐☐ 가 돈독해 보여.

愛 용
쓸 用

뜻 좋아해서 애착을 가지고 **즐겨** 사용함.

예문 우리 농산물을 ☐☐ 하여 농촌을 살립시다!

1 다음 글 안에 있는 한자의 뜻과 소리를 쓰세요.

> 愛완동물을 가족처럼 아끼고 사랑해 주세요!

(뜻) _____

(소리) _____

2 빈칸에 들어갈 한자 어휘를 찾아 선을 이으세요.

(1) 요즘에는 이 운동화가 편해서 ⬚ 하고 있어.　　•

•　㉠　우애

(2) 오성과 한음은 ⬚ 이/가 깊은 친구 사이였습니다.　　•

•　㉡　애용

3 밑줄 친 부분의 뜻을 가진 한자 어휘에 ○ 하세요.

> 오늘은 어버이날입니다. 부모님에게 <u>사랑하는 마음</u>이 담긴 편지를 전해 보세요.

애정　　　　　우애　　　　　애증

도움말 다른 하나는 '슬플 애(哀)'를 써요.

4 다음 문장을 읽고 '愛'가 쓰인 한자 어휘가 들어 있는 문장에 ✔ 하세요.

⬚ ① 언니에게 조금만 더 놀자고 <u>애원</u>했지만 소용없었어요.

⬚ ② 많은 <u>애국</u> 지사들이 조국의 독립을 위해 헌신하였습니다.

월 　 일

✦ 한자의 뜻과 소리를 읽어 보세요.

뜻 　 소리

매양 　 **매**

*'매양, 마다, 매일'의 뜻이 있어요.

한달 동안 매일 무엇인가를 했나 봐요.
이 글자는 매 때마다를 나타내요.

✦ 한자 어휘를 소리 내 읽어 보고 빈칸에 한자 어휘를 쓰세요.

每 일
날 日

> 뜻 　 하루하루**마다**.
>
> 예문 　 나는 ☐☐ 아침 우유를 마십니다.

每 년
해 年

> 뜻 　 해**마다**.
>
> 예문 　 우리 가족은 ☐☐ 여름이 되면 계곡으로 휴가를 가요.

每 회
돌아올 回

> 뜻 　 한 회 한 회**마다**.
>
> 예문 　 그 영화는 인기가 많아서 ☐☐ 매진이 되었어요.

每 사
일 事

> 뜻 　 하나하나의 모든 일. 하나하나의 일**마다**.
>
> 예문 　 엄마는 ☐☐를 긍정적으로 생각하신다.

1 다음 글 안에 있는 한자의 뜻과 소리를 쓰세요.

우리 팀이 **每**회 안타를 쳐서 승리했어요.

뜻 _____

소리 _____

2 빈칸에 공통으로 들어갈 한자 어휘에 ○ 하세요.

• 나는 [　　] 겨울이 되면 눈썰매장에 꼭 가요.

• 우리 가족은 [　　] 1월 1일이 되면 한 해의 계획을 함께 짠다.

매년

매회

3 밑줄 친 부분의 뜻을 가진 한자 어휘를 찾아 선을 이으세요.

(1) 유리는 발표도, 숙제도 항상 열심히 해요. <u>하나하나의 일마다</u> 성실한 태도로 노력하는 친구예요.

• ㉠ 매일

(2) 나는 <u>하루하루마다</u> 일기를 쓴다. 오늘 있었던 일을 돌아보며 그때 느낀 기분과 생각을 정리하기 위해서이다.

• ㉡ 매사

4 다음 한자 어휘 중 '每'가 쓰인 것에 ✓ 하세요.

[　] ① 매월 ➤ 한 달 한 달.

[　] ② 구매 ➤ 물건 등을 사들임.

Day 31~35 다지기

1 다음 글 안에 있는 한자의 뜻과 소리를 쓰세요.

> 정수야, 오늘 우리 가족 **溫**천에 놀러 왔어.
>
> 너 내일 시험인데 너무 **太**평한 거 아니야?
>
> 너의 **愛**정 어린 조언은 **感**동이다만,
> 나는 **每**일 미리 공부해 두기 때문에 걱정이 없단다.

(1) 溫 (   )   (2) 太 (   )

(3) 愛 (   )   (4) 感 (   )

(5) 每 (   )

2 <보기>의 글자 카드에서 알맞은 글자를 찾아 한자 어휘를 완성하세요.

보기

| 태 | 매 | 온 | 감 | 애 |

(1) 엄마는 대형 마트보다 가까운 전통 시장을 ☐ **용** 하세요.

(2) 오후가 되자 머리 위에 ☐ **양** 이 뜨겁게 내리쬐었습니다.

(3) 한여름에는 밤이 되어도 **기** ☐ 이/가 높아서 잠을 자기 힘들어요.

(4) 개는 인간보다 ☐ **각** 이 발달해서 냄새도 잘 맡고 소리도 잘 듣는다.

3 다음 뜻과 예문에 맞는 한자 어휘를 초성을 참고하여 쓰세요.

(1)

ㅇ	ㅅ

뜻 **따뜻하게** 데워진 물.
예문 우리 집 보일러는 오래돼서 ○○가 나오려면 시간이 걸려.

(2)

ㅇ	ㅇ

뜻 형제간 또는 친구 간의 **사랑**.
예문 언니와 나는 ○○가 깊은 자매 사이다.

(3)

ㅁ	ㅅ

뜻 하나하나의 모든 일. 하나하나의 일**마다**.
예문 해진이는 ○○에 긍정적이어서 친구들에게 인기가 많다.

4 빈칸에 들어갈 한자 어휘를 <보기>에서 찾아 쓰세요.

> 보기
>
> 애완   온도   체온   매년

(1) 물의 (   )이/가 목욕하기에 딱 알맞아요.

(2) 감기에 걸려 병원에 갔더니 먼저 (   )을/를 재었다.

(3) (   )동물과 산책할 때는 목줄을 꼭 하고 가야 합니다.

5 다음 글을 읽고 밑줄 친 한자 어휘 중 '感'이 쓰인 것을 모두 찾아 쓰세요.

> 독서 감상문을 쓸 때에는 책을 읽고 난 뒤의 감동과 같은 느낀 점을 꼭 써야 해요. 만약에 줄거리만 나열하고 느낀 점이 빠졌다면 감점이 될 수 있어요. 따라서 자신이 느낀 점을 진솔하게 쓰는 게 제일 중요하답니다.

(,   )

08 사물·2

월   일

✦ 한자의 뜻과 소리를 읽어 보세요.

뜻 소리

바 **소**

*'바, 것, 곳'의 뜻이 있어요. '바'는 '일, 또는 방법'을 말해요.

공부하는 곳, 자는 곳, 먹는 것처럼 장소나 물건 등을 나타내는 글자예요.

✦ 한자 어휘를 소리 내 읽어 보고 빈칸에 한자 어휘를 쓰세요.

所 감
느낄 感

뜻 ▸ 마음에 느낀 **바**. 🔵 감상

예문 ▸ 영화를 보고 ☐☐ 을 말해 보세요.

所 망
바랄 望

뜻 ▸ 어떤 일을 바람, 또는 그 바라는 **것**. 🔵 염원

예문 ▸ 내 유일한 ☐☐ 은 키가 크는 거야.

所 용
쓸 用

뜻 ▸ 쓸 **곳**, 또는 쓰이는 **바**.

예문 ▸ 이 의자는 망가져서 어디에도 ☐☐ 이 없다.

주 所
살 住

뜻 ▸ 집이나 직장, 기관 등이 위치한 **곳**의 행정 구역상 이름.

예문 ▸ 이 ☐☐ 로 꼭 편지 보내줘.

1 다음 글 안에 있는 한자의 뜻과 소리를 쓰세요.

보름달을 보며 **所**망이 이루어지기를 빕니다.

뜻 _____

소리 _____

2 빈칸에 들어갈 한자 어휘를 초성을 참고하여 쓰세요.

사또가 눈물을 흘리며 잘못을 비는 도둑에게 말했어요.
"네가 저지른 일이니 울어도 아무 □□ 없다!"

ㅅ ㅇ

3 밑줄 친 부분의 뜻을 가진 한자 어휘를 찾아 선을 이으세요.

(1) 봉사 활동을 하고 난 뒤 밑줄친 마음에 느낀 바를 나누었다. •

• ㉠ 주소

(2) 상품을 주문할 때 집이 위치한 곳을 정확하게 적어야 한다. •

• ㉡ 소감

도움말 다른 하나는 '작을 소(小)'를 써요.

4 다음 문장을 읽고 '所'가 쓰인 한자 어휘가 들어 있는 문장에 ✓ 하세요.

☐ ① 이 책은 이미 다 읽었지만 소장하고 싶어서 샀어요.

☐ ② 이 놀이공원의 입장료는 대인은 이만 원, 소인은 만 원입니다.

✦ 한자의 뜻과 소리를 읽어 보세요.

뜻 소리
각각 각

* '각각, 여러, 다르다'의 뜻이 있어요.

각각의 집으로 돌아가는 것처럼 각각, 제각기를 나타낸 글자예요.

✦ 한자 어휘를 소리 내 읽어 보고 빈칸에 한자 어휘를 쓰세요.

뜻 **각각**. 사람이나 물건의 하나하나마다.

예문 회의에 참여한 사람들은 [ ][ ] 의견이 달랐다.

各 종
씨 種

뜻 온갖 종류, 또는 **여러** 종류. 비 각색

예문 공원에 가면 [ ][ ] 운동 기구를 이용할 수 있어요.

各 국
나라 國

뜻 각 나라, 또는 **여러** 나라.

예문 세계 [ ][ ] 대표가 한자리에 모였습니다.

各 별
다를 別

뜻 어떤 일에 대한 마음가짐이나 자세가 다른 것과 **달리** 특별함.

예문 지수와 난 1학년 때부터 [ ][ ] 한 사이야.

1 다음 글 안에 있는 한자의 뜻과 소리를 쓰세요.

> 멸종 위기 동물에게 **各**별한 관심이 필요합니다.

뜻 _____

소리 _____

2 빈칸에 들어갈 한자 어휘에 ○ 하세요.

(1) 한옥과 양옥은 [ ] 장단점을 가지고 있다.

각국	각각

(2) 식물원에서는 [ ] 식물을 구경할 수 있어요.

각종	각별

3 다음 뜻을 가진 한자 어휘를 초성을 참고하여 빈칸에 쓰세요.

(1) 각 나라, 또는 여러 나라.

ㄱ	ㄱ

(2) 어떤 일에 대한 마음가짐이나 자세가 다른 것과 달리 특별함.

ㄱ	ㅂ

도움말 다른 하나는 '깨달을 각(覺)'을 써요.

4 다음 대화를 읽고 '各'이 쓰인 한자 어휘를 찾아 번호를 쓰세요. ( )

> 수미: 이번 방학 때 우리 가족은 전국 ①각지를 여행하기로 했어.
>
> 상준: 정말 멋진 계획이다. 출발하기 전에 ②각오를 단단히 해야겠는걸.

✦ 한자의 뜻과 소리를 읽어 보세요.

뜻   소리
걸   표

* '겉, 드러내다'의 뜻이 있어요.

겉에 입는 옷(衣)처럼 겉면을 나타낸 글자예요.

✦ 한자 어휘를 소리 내 읽어 보고 빈칸에 한자 어휘를 쓰세요.

表 면
낯 面

뜻 사물의 **겉** 부분.

예문 길 [ ][ ]이 매우 미끄러우니 조심하세요.

表 정
뜻 情

뜻 마음속 감정 등의 심리 상태가 **겉**으로 드러남.

예문 기쁜 [ ][ ]을 숨길 수가 없었습니다.

表 현
나타날 現

뜻 생각이나 느낌을 언어나 몸짓으로 **드러내어** 나타냄.

예문 생각이나 느낌을 글로 [ ][ ]해 봐요.

발 表
필 發

뜻 어떤 사실이나 결과를 세상에 널리 **드러내어** 알림.

예문 드디어 오늘 합격자를 [ ][ ]하는 날이다.

1 다음 글 안에 있는 한자의 뜻과 소리를 쓰세요.

이번 대회의 우승자를 발**表**하겠습니다.

뜻 _____

소리 _____

2 빈칸에 들어갈 한자 어휘를 찾아 선을 이으세요.

(1) 흰 눈이 내리자 아이들의 ☐ 이 몹시 밝아졌다.   •

•㉠ 표정

(2) 다음 글을 읽고 그림으로 자유롭게 ☐ 해 보세요.   •

•㉡ 표현

3 밑줄 친 부분의 뜻을 가진 한자 어휘에 ○ 하세요.

박물관에서 본 하얀 도자기의 <u>겉</u> 부분은 매끄러웠습니다.

표면   표현   표본

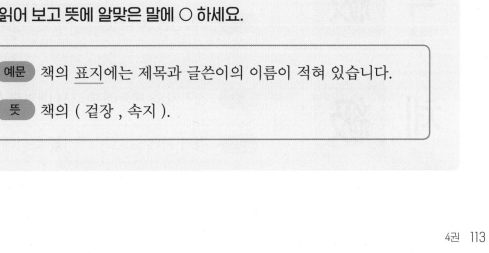

4 다음 한자 어휘의 예문을 읽어 보고 뜻에 알맞은 말에 ○ 하세요.

표지

예문 책의 <u>표지</u>에는 제목과 글쓴이의 이름이 적혀 있습니다.

뜻 책의 (겉장 , 속지).

✦ 한자의 뜻과 소리를 읽어 보세요.

級

뜻 소리
등급 급

* '등급, 단계'의 뜻이 있어요.

나는 1등급!

에너지의 소비 효율을 등급으로 나타낸 표처럼 등급을 나타낸 글자예요.

✦ 한자 어휘를 소리 내 읽어 보고 빈칸에 한자 어휘를 쓰세요.

등 級
무리 等

뜻 높고 낮음이나 좋고 나쁨의 정도를 여러 층으로 나눈 **단계**.

예문 고기의 품질이 좋을수록 ☐☐ 이 높다.

고 級
높을 高

뜻 높은 **등급**. 물건이나 시설의 품질이 뛰어남. 반 저급

예문 오빠가 졸업한 기념으로 ☐☐ 음식점에 갔다.

학 級
배울 學

뜻 한 교실에서 공부하는 같은 **등급**의 학생 집단.

예문 2학년은 총 다섯 ☐☐ 이에요.

체 級
몸 體

뜻 경기자의 체중에 따라서 매겨진 **등급**.

예문 경기 전에 ☐☐ 을 측정해 봅시다.

1 다음 글 안에 있는 한자의 뜻과 소리를 쓰세요.

우리 학級에서 내가 제일 키가 커요.

뜻 _____

소리 _____

2 빈칸에 들어갈 한자 어휘를 <보기>에서 찾아 쓰세요.

보기

| 등급 | 체급 | 계급 | 학급 |

(1) 태권도는 ( )에 따라 경기를 합니다.

(2) 가전제품은 에너지 소비 효율 ( )을 살펴보고 사야 해요.

(3) 전국 육상 대회에 나가게 되어서 ( ) 친구들이 응원해 주었다.

3 밑줄 친 부분의 뜻을 가진 한자 어휘에 ○ 하세요.

이 옷은 품질이 뛰어난 옷은 아니지만 내가 제일 아끼는 옷이야.

시급   고급   보급

4 다음 한자 어휘 중 '級'이 쓰인 것에 ✔ 하세요.

☐ ① 급식 ➡ 기관에서 식사를 주는 것, 또는 그 식사.

☐ ② 급수 ➡ 기술이나 능력을 일정한 기준에 따라 나누어 놓은 등급.

✦ 한자의 뜻과 소리를 읽어 보세요.

席

뜻 자리   소리 석

＊'자리'의 뜻이 있어요.

극장에서 자리를 찾고 있어요. 이 글자는 자리를 나타내요.

✦ 한자 어휘를 소리 내 읽어 보고 빈칸에 한자 어휘를 쓰세요.

방 席
모 方

뜻 앉을 때 **자리**에 까는 네모지거나 둥근 모양의 깔개.

예문 바닥이 차니까 이 ☐☐ 을 깔고 앉으렴.

출 席
날 出

뜻 어떤 **자리**에 나아가 참석함. 결석

예문 선생님께서 ☐☐ 을 부르기 시작했다.

참 席
참여할 參

뜻 모임이나 회의 등의 **자리**에 참여함.

예문 이번 독서 모임에는 유명한 작가가 ☐☐ 합니다.

좌 席
자리 座

뜻 앉을 수 있게 마련된 **자리**.

예문 ☐☐ 에 앉기 전에 번호를 확인하세요.

1 다음 글 안에 있는 한자의 뜻과 소리를 쓰세요.

방**席**에 앉으면 푹신해서 편안해요.

(뜻) _____

(소리) _____

2 빈칸에 들어갈 한자 어휘에 ○ 하세요.

(1) 손님에게 편히 앉으라고 ☐ 을 내어 드렸어.

| 결석 | 방석 |

(2) 축구 모임에 하루도 빠지지 않고 ☐ 했습니다.

| 출석 | 객석 |

3 다음 뜻을 가진 한자 어휘를 초성을 참고하여 빈칸에 쓰세요.

(1) 앉을 수 있게 마련된 자리.

| ㅈ | ㅅ |

(2) 모임이나 회의의 자리에 참여함.

| ㅊ | ㅅ |

어휘 추론!

도움말 다른 하나는 '돌 석(石)'을 써요.

4 다음 문장을 읽고 '席'이 쓰인 한자 어휘가 들어 있는 문장에 ✔ 하세요.

☐ ① 오늘 감기가 심해서 학교에 결석을 했어요.

☐ ② 신라 시대의 장신구는 화려한 보석으로 장식되어 있어요.

1 다음 글 안에 있는 한자의 뜻과 소리를 쓰세요.

> 안녕하십니까. 방금 들어온 속보를 발**表**하겠습니다. 현재 등**級**이 가장 높은 태풍이 우리
> 나라를 향해 불어오고 있습니다. 이 태풍은 우산도 **所**용 없을 정도로 강력한 바람을 동
> 반하는데요. 이에 따라 전국 **各**지에 교통 혼잡이 예상됩니다. 이 태풍으로 동해에서 개
> 최하는 행사에 참**席**하기 위해 이동 중이던 시민들이 도로에 고립되어 구조를 기다리고
> 있습니다. 부디 인명 피해가 없기를 바랍니다.

(1) **表** (   ) (2) **級** (   )

(3) **所** (   ) (4) **各** (   )

(5) **席** (   )

2 가로 열쇠, 세로 열쇠를 풀어 낱말 퍼즐을 완성하세요.

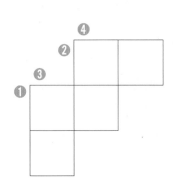

가로 열쇠

❶ 뜻 각 지방, 또는 **여러** 곳.
　예문 ○○에서 유명한 사람들이 모두 모인대.

❷ 뜻 생각이나 느낌을 언어나 몸짓으로 **드러내어** 나타냄.
　예문 생각을 글로 ○○해 보세요.

세로 열쇠

❸ 뜻 온갖 종류, 또는 **여러** 종류.
　예문 5월에는 ○○ 가족 행사가 열린다.

❹ 뜻 책의 **겉장**.
　예문 이 책의 ○○는 눈에 띄어.

3 다음 뜻풀이에 맞는 한자 어휘를 찾아 선을 이으세요.

(1) 사물의 겉 부분. •   • ㉠ 체급

(2) 어떤 **자리**에 나아가 참석함. •   • ㉡ 소망

(3) 어떤 일을 바람, 또는 그 바라는 것. •   • ㉢ 표면

(4) 경기자의 체중에 따라서 매겨진 등급. •   • ㉣ 출석

4 빈칸에 들어갈 한자 어휘를 <보기>에서 찾아 쓰세요.

보기

표정   참석   각국   각별

(1) 개막식에 (   )하여 자리를 빛내 주신 여러분, 감사합니다.

(2) 사촌 동생이 나를 보더니 수줍은 (   )을 지으며 해맑게 웃었어.

(3) 자, 오늘은 세계 (   )의 전통 의상을 알아보고 체험해 보겠습니다.

5 다음 대화를 읽고 밑줄 친 한자 어휘 중 '表'가 쓰인 것을 모두 찾아 쓰세요.

민준: 이 책에서 이 표현은 도대체 무슨 뜻인지 아무리 봐도 잘 모르겠어. 내일 당장 이
책을 읽은 소감을 발표해야 하는데. 큰일이네!

희정: 아, 주인공이 바다에 표류하게 된 이야기지? 나도 이해되지 않는 부분이 많더라.

(,   )

09 마을과 사회·2

지난주의 한자 배운 한자를 떠올리며 빈칸에 뜻과 소리를 쓰세요.

所　　各　　表　　級　　席

_____　_____　_____　_____　_____

✦ 한자의 뜻과 소리를 읽어 보세요.

뜻 길 소리 도

*'길'의 뜻이 있어요.
*'도리'의 뜻도 있어요. '도리'는 사람이 가야 할 올바른 길이라는 의미예요.

어딘가 갈 수 있게 (辶) 만든 길을 나타낸 글자예요.

✦ 한자 어휘를 소리 내 읽어 보고 빈칸에 한자 어휘를 쓰세요.

 道 로
길 路

뜻 사람, 차가 잘 다닐 수 있도록 만들어 놓은 넓은 **길**.

예문 ☐☐를 건널 때는 차가 오는지 잘 살펴야 해.

 철 道
쇠 鐵

뜻 철제로 된 **길**을 설치하여 사람이나 물건을 운송하는 시설.

예문 폭설로 ☐☐가 막혀 기차를 탈 수 없어요.

 수 道
물 水

뜻 물이 다니는 **길**. 관을 통해 물을 보내 주는 설비.

예문 물을 다 쓴 후에는 ☐☐ 꼭지를 꼭 잠가 주세요.

 효 道
효도 孝

뜻 부모를 정성스럽게 잘 섬기는 **도리**.

예문 엄마는 내가 건강한 것이 ☐☐라고 하셨다.

*이 어휘에서는 '도리'의 뜻으로 써요.

1 다음 글 안에 있는 한자의 뜻과 소리를 쓰세요.

명절에는 귀향하는 사람들이 많아 **道**로가 붐빕니다.

뜻 _____

소리 _____

2 빈칸에 공통으로 들어갈 한자 어휘에 ○ 하세요.

• 기차가 [   ] 위를 빠르게 달리고 있어요.

• 고속 도로보다 [   ]를 이용하는 것이 더 빠릅니다.

철도
‑‑‑‑‑‑
도로

3 밑줄 친 부분의 뜻을 가진 한자 어휘를 초성을 참고하여 쓰세요.

(1) 추운 겨울철에는 관을 통해 물을 보내 주는 설비가 얼거나 터지지 않게 주의를 해야 합니다.

ㅅ | ㄷ

(2) 심청이는 바다에 몸을 던지는 순간까지 아버지를 지극정성으로 모시며 부모를 정성스럽게 잘 섬기는 도리를 다하였습니다.

ㅎ | ㄷ

어휘추론!

도움말 다른 하나는 '도읍 도(都)'를 써요.

4 다음 문장을 읽고 '道'가 쓰인 한자 어휘가 들어 있는 문장에 ✓ 하세요.

[ ] ① 수많은 인공위성이 궤도를 따라 지구를 돌고 있다.

[ ] ② 대한민국의 수도 서울에는 많은 인구가 살고 있습니다.

✦ 한자의 뜻과 소리를 읽어 보세요.

（뜻） （소리）
길 로(노)

* '길'의 뜻이 있어요.
* '로'는 맨 앞에 오면 '노'로 읽고 써요.

발(足)로 걸어다니는 길을 나타낸 글자예요.

✦ 한자 어휘를 소리 내 읽어 보고 빈칸에 한자 어휘를 쓰세요.

路 선
줄 線

（뜻） 버스나 기차 등이 일정한 두 지점을 정기적으로 오가는 **길**.

（예문） 이번에 집 앞 정류장에 버스 ☐☐ 이 새로 생겼어.

통 路
통할 通

（뜻） 통하여 다니는 **길**. 🈑 통행로

（예문） 저쪽 ☐☐ 를 지나면 출구가 있습니다.

진 路
나아갈 進

（뜻） 앞으로 나아갈 **길**.

（예문） 앞으로의 ☐☐ 에 대해 고민하고 있어요.

경 路
지날 經

（뜻） 지나가는 **길**.

（예문） 겨울철 철새들의 이동 ☐☐ 를 알아보자.

1 다음 글 안에 있는 한자의 뜻과 소리를 쓰세요.

> 지하철 **路**선은 각각 다른 색깔로 구분합니다.

뜻 _____

소리 _____

2 빈칸에 들어갈 한자 어휘를 찾아 선을 이으세요.

(1)
> 자신이 가장 좋아하고 잘하는 일이 무엇인지 생각해서 [ ]를 정해 보세요.

• • ㉠ 통로

(2)
> 비가 많이 내린 날에는 지하 [ ]에 물이 차 위험할 수 있으니 들어가면 안 됩니다.

• • ㉡ 진로

3 밑줄 친 부분의 뜻을 가진 한자 어휘에 ○ 하세요.

> 태풍이 <u>지나가는 길</u>을 미리 파악해서 대비한 덕분에 큰 피해를 막을 수 있었습니다.

도로   경로   통로

어휘추론!

도움말 다른 하나는 '늙을 로(노(老))'를 써요.

4 다음 문장을 읽고 '路'가 쓰인 한자 어휘가 들어 있는 문장에 ✔ 하세요.

[ ] ① 아빠는 <u>연로</u>한 할머니의 농사일을 매주 도와드립니다.

[ ] ② 다음 <u>교차로</u>에서 좌회전해서 도서관 앞에 내려 주세요.

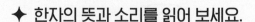

✦ 한자의 뜻과 소리를 읽어 보세요.

功

뜻 공   소리 공

*'공, 공로'의 뜻이 있어요.

장인(工)이 힘써(力) 일해 공을 세운 것을 나타낸 글자예요.

✦ 한자 어휘를 소리 내 읽어 보고 빈칸에 한자 어휘를 쓰세요.

功 로
일할 勞

뜻 **공**. 노력과 수고를 들여 이루어 낸 일의 결과.

예문 사회 복지에 힘쓴 [ ][ ]를 인정해 훈장을 수여했다.

성 功
이룰 成

뜻 목적하는 바를 이뤄 **공**을 세움.   실패

예문 노력해서 이루었으니 그야말로 값진 [ ][ ]이야.

功 덕
큰 悳

뜻 착한 일을 해서 쌓은 **공로**와 어진 덕.   덕

예문 임금의 높은 [ ][ ]을 기리기 위해 비석을 세웠다.

은 功
은혜 恩

뜻 은혜와 **공로**.

예문 선생님의 [ ][ ]을 꼭 기억하겠습니다.

1 다음 글 안에 있는 한자의 뜻과 소리를 쓰세요.

그는 세계 평화에 노력한 **功**로로 노벨 평화상을 받았다.

뜻 _____

소리 _____

2 빈칸에 들어갈 한자 어휘를 찾아 선을 이으세요.

(1) '실패는 [   ]의 어머니'라는 말을 잊지 마. •

• ㉠ 성공

(2) 그는 배고픈 사람들을 도우며 [   ]을 쌓았다. •

• ㉡ 공덕

3 다음 뜻을 가진 한자 어휘를 초성을 참고하여 빈칸에 쓰세요.

(1) 은혜와 공로. | ㅇ | ㄱ |

(2) 공. 노력과 수고를 들여 이루어 낸 일의 결과. | ㄱ | ㄹ |

도움말 다른 하나는 '한가지 공(共)'을 써요.

4 다음 문장을 읽고 '功'이 쓰인 한자 어휘가 들어 있는 문장에 ✔ 하세요.

[   ] ① 스스로 외적의 침입에 맞섰던 의병의 <u>공적</u>을 잊지 말아야 해.

[   ] ② 이 두 가지 음식에 <u>공통</u>으로 들어가는 재료는 무엇인지 맞혀 보세요.

월   일

✦ 한자의 뜻과 소리를 읽어 보세요.

共

뜻 소리
한가지 공

*'한가지, 함께'의 뜻이 있어요.

두 사람이 물건을 함께 손으로 받든 모습을 나타낸 글자예요.

✦ 한자 어휘를 소리 내 읽어 보고 빈칸에 한자 어휘를 쓰세요.

共 감
느낄 感

뜻 다른 사람의 생각, 감정 등을 **함께** 느낌. 🔵 동감

예문 이 책은 독자의 ☐☐ 을 이끌어 내 인기가 많았다.

共 동
한가지 同

뜻 여럿이 **함께** 일을 하거나 같은 자격으로 관계를 가짐.

예문 주말마다 텃밭을 ☐☐ 으로 관리합시다.

共 생
날 生

뜻 서로 도우며 **함께** 삶. 다른 종류의 생물이 도우며 함께 살아감.

예문 인간과 자연은 ☐☐ 하면서 살아야 해요.

共 존
있을 存

뜻 여러 사물이나 현상이 **함께** 존재함.

예문 이 나라는 다양한 문화가 ☐☐ 하고 있습니다.

1 다음 글 안에 있는 한자의 뜻과 소리를 쓰세요.

> 우리 둘은 점수가 똑같아서 **共**동 1위를 하였다.

뜻 _____

소리 _____

2 빈칸에 들어갈 한자 어휘에 ○ 하세요.

(1) 악어와 악어새는 ☐ 관계로 도움을 주고받는다.

공생 | 공평

(2) 주민들끼리 제철 과일을 ☐으로 구매했어요.

공중 | 공동

3 밑줄 친 부분의 뜻을 가진 한자 어휘를 찾아 선을 이으세요.

(1) 작품을 깊이 있게 이해하려면 먼저 주인공의 <u>생각, 감정 등을 함께 느끼면서</u> 읽는 것이 중요해요.

• ㉠ 공감

(2) 고궁에서 한복 입은 사람들이 사진 찍는 모습을 보니 꼭 과거와 현재가 <u>함께 존재하는</u> 느낌이었어요.

• ㉡ 공존

4 밑줄 친 한자 어휘에 유의하여 다음 글을 읽고 바르게 말한 친구를 고르세요. ( )

> 이 화장실은 남녀 <u>공용</u>이므로 들어가기 전에 노크를 꼭 해 주세요.

① 연수: 남자와 여자가 함께 쓰는 화장실이구나.

② 주민: 남자와 여자가 따로 쓰는 화장실이구나.

✦ 한자의 뜻과 소리를 읽어 보세요.

뜻 지경   소리 계

* '경계, 한계, 세계'의 뜻이 있어요.

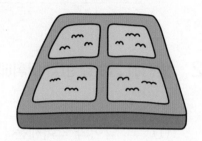

밭(田)과 밭(田) 사이에 있는 경계를
나타낸 글자예요.

✦ 한자 어휘를 소리 내 읽어 보고 빈칸에 한자 어휘를 쓰세요.

한 界
한할 限

뜻 사물이나 능력 등이 작용할 수 있는 **경계**.

예문 누구나 자신의 [ ][ ]를 극복할 수 있다.

경 界
지경 境

뜻 서로 다른 두 지역이나 사물이 구분되는 **한계**.

예문 이 산을 [ ][ ]로 여기부터 경기도예요.

세 界
인간 世

뜻 **세계**. 지구상의 모든 나라. 인간 사회 전체. 🈟 세상

예문 이 섬은 [ ][ ]에서 가장 아름다운 곳이야.

외 界
바깥 外

뜻 바깥 **세계**. 지구 밖의 **세계**.

예문 [ ][ ]에도 지구처럼 생명체가 있을까?

1 다음 글 안에 있는 한자의 뜻과 소리를 쓰세요.

 세**界** 지도에서 우리나라를 찾아 보세요.

뜻 _____

소리 _____

2 빈칸에 들어갈 한자 어휘를 <보기>에서 찾아 쓰세요.

보기

경계　　　세계　　　업계　　　한계

(1) 오랫동안 뛰었더니 체력이 (　　　　　　)에 이른 것 같아.

(2) 우리나라는 38선을 (　　　　　　)로 남과 북이 갈라져 있습니다.

3 퀴즈를 읽고 알맞은 답을 쓰세요.

이곳은 어디일까요?

힌트 1. 이곳은 지구 밖의 세계를 말해요.

힌트 2. 과학 소설이나 영화에서 자주 볼 수 있어요.

(　　　　　　)

도움말 다른 하나는 '섬돌 계(階)'를 써요.

4 다음 문장을 읽고 '界'가 쓰인 한자 어휘를 찾아 번호를 쓰세요.　　　(　　　　)

김 박사는 새로운 치료법을 발견하여 ①학계의 주목을 받고 있다. 그는 마지막 실험 ②단계에서 이 사실을 발견하였다고 한다.

1 다음 글 안에 있는 한자의 뜻과 소리를 쓰세요.

민수야, 우리 저번에 갔던 분식집 어떻게 찾아가는지 알아? 道로에서 20분 동안 헤매고 있는데 내 인내심이 한界에 이르렀어.

아, 거기 찾기 힘들지? 네 기분이 어떨지 共감이 된다. △△마트 앞 교차路를 건너면 ○○약국 오른쪽에 있어.

아, 저기 보인다! 네 덕분에 드디어 찾는 데 성功했어! 고마워!

(1) 道 (   )　　　(2) 界 (   )

(3) 共 (   )　　　(4) 路 (   )

(5) 功 (   )

2 다음 뜻에 알맞은 한자 어휘를 글자판에서 찾아 묶으세요.

① **뜻** 앞으로 나아갈 길.
　예문 담임 선생님과 ○○를 의논해 보자.

② **뜻** 은혜와 공로.
　예문 이 큰 ○○을 어찌 다 갚습니까?

③ **뜻** 여럿이 **함께** 일을 하거나 같은 자격으로 관계를 가짐.
　예문 1반과 3반이 ○○으로 우승했다.

④ **뜻** 서로 다른 두 지역이나 사물이 구분되는 **한계**.
　예문 수평선을 ○○로 바다와 하늘이 나뉜다.

공	수	통	진
동	도	차	로
세	은	공	당
경	계	존	용

3 다음 뜻과 예문에 맞는 한자 어휘를 초성을 참고하여 쓰세요.

(1)

ㅎ	ㄷ

뜻 부모를 정성스럽게 잘 섬기는 **도리**.
예문 엄마, 고마워요! 앞으로 ○○할게요.

(2)

ㄱ	ㄹ

뜻 **공**. 노력과 수고를 들여 이루어 낸 일의 결과.
예문 10년간 봉사에 애쓴 ○○를 인정하여 이 상을 수여합니다.

(3)

ㅇ	ㄱ

뜻 바깥 **세계**. 지구 밖의 **세계**.
예문 너는 은하계에 ○○인이 있다고 믿니?

4 빈칸에 들어갈 한자 어휘를 <보기>에서 찾아 쓰세요.

보기

노선	공적	세계	공생

(1) (   )에서 가장 긴 강은 아프리카의 나일 강입니다.

(2) 지하철 (   )이/가 복잡해서 출발지와 도착지를 잘 보고 타야 해.

(3) 정약용은 학자로서 일생을 살면서 후대에 수많은 (   )을/를 남겼다.

5 다음 대화를 읽고 밑줄 친 한자 어휘 중 '共'이 쓰인 것을 모두 찾아 쓰세요.

지민: 고전 소설은 어떻게 읽어야 할지 모르겠어.

태영: 먼저 등장인물을 파악하는 게 중요해. 특히 고전 소설은 선과 악을 대표하는 인물들이 공존하니까 두 인물의 공통점과 차이점을 비교해서 읽어 봐. 공부하듯이 읽기보다는 재미를 찾아서 읽으면 어느새 빠져들게 될 거야.

(,   )

10 마을과 사회·3

지난주의 한자 배운 한자를 떠올리며 빈칸에 뜻과 소리를 쓰세요.

道	路	功	共	界

✦ 한자의 뜻과 소리를 읽어 보세요.

(뜻) (소리)

나눌 반

＊'나누다, 반'의 뜻이 있어요.
＊'양반'의 뜻도 있어요.

아이들을 반별로 나누는 것처럼 무엇을 나누는 것을 나타낸 글자예요.

✦ 한자 어휘를 소리 내 읽어 보고 빈칸에 한자 어휘를 쓰세요.

분 班		
나눌 分		

뜻 한 반을 몇 개의 **반**으로 나눔.

예문 한 반을 두 반으로 [　][　] 했습니다.

班 장		
	긴 長	

뜻 **반**을 대표하여 일을 하는 사람. (비) 회장

예문 우리 반 [　][　]으로 세운이를 뽑았어요.

班 상 회		
	떳떳할 常	모일 會

뜻 이웃 간에 어떤 사안을 **나누고** 논의하는 모임.

예문 오늘 [　][　][　]를 열겠습니다.

양 班		
두 兩		

뜻 **양반**. (고려·조선 시대에) 지배층을 이루던 신분.

예문 [　][　]은 체면을 중요하게 여겼어.

＊이 어휘에서는 '양반'의 뜻으로 써요.

1 다음 글 안에 있는 한자의 뜻과 소리를 쓰세요.

학생 수가 많아서 분**班**했습니다.

(뜻) _____

(소리) _____

2 빈칸에 들어갈 한자 어휘에 ○ 하세요.

(1) [   ]에게는 리더십과 책임감이 필요하다.

양반 ┊ 반장

(2) 매달 어른들이 모여 우리 집에서 [   ]를 해.

운동회 ┊ 반상회

3 밑줄 친 부분의 뜻을 가진 한자 어휘를 찾아 선을 이으세요.

(1) 조선 시대에는 <u>지배층을 이루던 신분</u>만이 과거 시험을 볼 수 있는 기회가 있었습니다.

• • ㉠ 양반

(2) 준식이는 <u>반을 대표하여 일하는 학생</u>이야. 그래서 언제나 친구들을 돕고 솔선수범하려고 노력해.

• • ㉡ 반장

어휘추론!

도움말 다른 하나는 '돌이킬 반(反)'을 써요.

4 다음 문장을 읽고 '班'이 쓰인 한자 어휘가 들어 있는 문장에 ✔ 하세요.

[ ] ① 지호네는 우리 집과 <u>반대</u> 방향이니까 학교 앞에서 헤어져야 해요.

[ ] ② 학생 수가 많지 않은 농촌에서는 여러 학년이 <u>합반</u>하여 수업하기도 합니다.

월   일

✦ 한자의 뜻과 소리를 읽어 보세요.

뜻   소리
합할 **합**

＊'함께, 합하다, 맞다'의 뜻이 있어요.

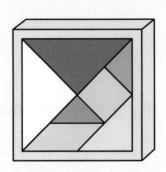

일곱 개의 조각을 합하여 하나로 만드는 것처럼 무엇을 합하는 것을 나타내요.

✦ 한자 어휘를 소리 내 읽어 보고 빈칸에 한자 어휘를 쓰세요.

 合 동
한가지 同

뜻 둘 이상이 모여 행동이나 일을 **함께**함.

예문 두 부부가 ☐☐ 결혼식을 올렸습니다.

 合 류
흐를 流

뜻 둘 이상의 흐름이 한데 **합하여** 흐름, 또는 그 물줄기.

예문 이 지역에서 두 강이 ☐☐ 합니다.

혼
섞을 混

뜻 뒤섞어서 한데 **합함**.

예문 밀가루에 우유를 ☐☐ 해서 반죽해요.

 合 격
격식 格

뜻 시험, 검사, 심사 등에서 일정한 조건에 **맞음**. 🔵반 불합격

예문 포기하지 않고 노력했더니 시험에 ☐☐ 했어.

1 다음 글 안에 있는 한자의 뜻과 소리를 쓰세요.

시험에 **合**격하신 여러분, 모두 축하드립니다!

뜻 _____

소리 _____

2 빈칸에 들어갈 한자 어휘를 글자 카드에서 찾아 만들어 쓰세요.

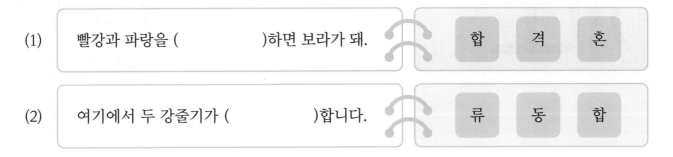

(1) 빨강과 파랑을 (　　　　　)하면 보라가 돼.　　합　격　혼

(2) 여기에서 두 강줄기가 (　　　　　)합니다.　　류　동　합

3 다음 뜻을 가진 한자 어휘를 초성을 참고하여 빈칸에 쓰세요.

(1) 둘 이상이 모여 행동이나 일을 함께함.　　ㅎ　ㄷ

(2) 시험, 검사, 심사 등에서 일정한 조건에 맞음.　　ㅎ　ㄱ

4 밑줄 친 한자 어휘에 유의하여 다음 글을 읽고 바르게 말한 친구를 고르세요.　　(　　　　)

선배들의 졸업식을 축하하기 위해 <u>합창</u> 공연을 준비하고 있어요.

① 세훈: 혼자서 노래하는 공연을 준비 중이구나.

② 은채: 여럿이 함께 노래하는 공연을 준비 중이구나.

✦ 한자의 뜻과 소리를 읽어 보세요.

뜻 | 소리
모일 사

*'모이다, 단체'의 뜻이 있어요.

많은 사람이 모여 집단을 이루는 것을 나타낸 글자예요.

✦ 한자 어휘를 소리 내 읽어 보고 빈칸에 한자 어휘를 쓰세요.

社 회
모일 會

뜻 공동생활을 하는 모든 형태의 인간 **단체**.

예문 현대 ☐☐ 는 과학이 발전하면서 빠르게 변한다.

社 장
긴 長

뜻 회사(**단체**)의 책임자.

예문 우리 회사 ☐☐ 님은 참 부지런하십니다.

회 社
모일 會

뜻 사업으로 이익을 얻기 위해 여러 사람이 모여 만든 **단체**.

예문 엄마는 매일 아침 ☐☐ 에 출근하신다.

결 社
맺을 結

뜻 여러 사람이 목적을 이루기 위해 **단체**를 조직함, 그 단체.

예문 비밀 ☐☐ 를 만들어 항일 운동을 했다.

1 다음 글 안에 있는 한자의 뜻과 소리를 쓰세요.

이 회社는 환경 보호를 위해 재활용품으로 가방을 만들어.

뜻 _____

소리 _____

2 빈칸에 들어갈 한자 어휘를 <보기>에서 찾아 쓰세요.

보기

| 사회 | 사장 | 결사 | 회사 |

(1) 조국의 독립을 위해 비밀 ( )의 일원이 되었다.

(2) 오늘은 공휴일이라서 부모님 모두 ( )에 가지 않으셨어요.

(3) 그는 죽기 전까지 자신의 뛰어난 재능을 ( )에 기부하였습니다.

3 밑줄 친 부분의 뜻을 가진 한자 어휘에 ○ 하세요.

<u>회사의 책임자</u>는 회의를 열어 임원들과 여러 안건에 대해 의견을 나누었다.

사장   사감   사부

4 다음 한자 어휘 중 '社'가 쓰인 것에 ✔ 하세요.

☐ ① 사고 ➡ 뜻밖에 일어난 불행한 일.

☐ ② 사교적 ➡ 여러 사람과 쉽게 잘 사귀는 것.

✦ 한자의 뜻과 소리를 읽어 보세요.

뜻 · 소리

모일 회

* '모이다, 때'의 뜻이 있어요.

여러 사람 간의 만남과 모임을 나타낸 글자예요.

✦ 한자 어휘를 소리 내 읽어 보고 빈칸에 한자 어휘를 쓰세요.

會 의
의논할 議

뜻 여럿이 **모여** 의논함, 또는 그런 모임.

예문 가족 [ ][ ]를 열어서 집안일을 나누었어요.

會 담
말씀 談

뜻 어떤 문제에 대해 그와 관련된 사람들이 한자리에 **모여** 토의함, 또는 그 토의.

예문 남북 정상 [ ][ ]을 개최하게 되었습니다.

대 會
큰 大

뜻 기술이나 재주를 겨루는 큰 **모임**. 큰 **모임**이나 회의.

예문 이번 글짓기 [ ][ ]에 참가할 거예요.

기 會
틀 機

뜻 어떤 일을 하는 데 적절한 **때**나 경우.

예문 드디어 우리 팀이 이길 수 있는 [ ][ ]가 왔다.

1 다음 글 안에 있는 한자의 뜻과 소리를 쓰세요.

> 아빠와 함께 마라톤 대**會**에 참가하기로 했어요.

뜻 _____

소리 _____

2 빈칸에 들어갈 한자 어휘에 ○ 하세요.

(1) 세계 각국 대표들이 [   ]을 가졌습니다.

회담	회상

(2) 올림픽 [   ]는 4년마다 열리고 있습니다.

사회	대회

3 밑줄 친 부분의 뜻을 가진 한자 어휘를 찾아 선을 이으세요.

> 이번 현장 학습을 어디로 갈지는 다음 주에 ①적절한 때나 경우가 되면 담임 선생님들께서 ②여럿이 모여 의논해서 함께 결정하기로 했습니다.

① •   • ㉠ 회의

② •   • ㉡ 기회

도움말 다른 하나는 '돌아올 회(回)'를 써요.

4 다음 문장을 읽고 '會'가 쓰인 한자 어휘를 찾아 번호를 쓰세요.   (   )

> 총리는 오늘 오후 기자 ①회견을 열어 경제 성장 ②회복 방안을 밝히기로 하였다.

✦ 한자의 뜻과 소리를 읽어 보세요.

뜻   소리

비로소 **시**

*'비로소, 처음'의 뜻이 있어요.

처음이라 떨려요.

처음 발표를 하는 아이처럼 어떤 일을 처음 하는 것을 나타낸 글자예요.

✦ 한자 어휘를 소리 내 읽어 보고 빈칸에 한자 어휘를 쓰세요.

始 작
지을 作

뜻   어떤 일이나 행동의 **처음** 단계를 이루거나 이루게 함.

예문   온도가 높아지면 물이 끓어서 수증기가 되기 [ ][ ] 해.

始 동
움직일 動

뜻   주로 이동 수단으로 사용되는 기계에 발동이 걸려 **처음**으로 움직이기 시작함.

예문   [ ][ ] 을 걸자 자동차가 움직이기 시작했어요.

始 조
할아버지 祖

뜻   한 겨레나 가계의 맨 **처음** 조상. 나중 것의 바탕이 된 맨 **처음**.

예문   거북선은 철갑선의 [ ][ ] 입니다.

원 始
근원 源

뜻   시작하는 **처음**. **처음** 시작된 그대로 있어 발달하지 않은 상태.

예문   이곳은 아직 [ ][ ] 그대로의 자연을 간직하고 있다.

1 다음 글 안에 있는 한자의 뜻과 소리를 쓰세요.

자동차에 이상이 생겼는지 **始**동이 걸리지 않았어요.

뜻 _____

소리 _____

2 빈칸에 들어갈 한자 어휘를 초성을 참고하여 쓰세요.

(1) 버스 기사는 [　　]을/를 걸고 출발 준비를 했습니다. ── ㅅ ㄷ

(2) 김유신이 삼국을 통일하면서 새로운 시대가 [　　]되었습니다. ── ㅅ ㅈ

3 밑줄 친 부분의 뜻을 가진 한자 어휘를 찾아 선을 이으세요.

(1) 고구려의 <u>맨 처음 조상</u>은 동명성왕, 주몽이다. •   • ㉠ 원시

(2) 아마존은 <u>처음 시작된 그대로</u>의 모습이 보존되어 있어. •   • ㉡ 시조

4 다음 한자 어휘의 예문을 읽어 보고 뜻에 알맞은 말에 ○ 하세요.

개시

예문 적군이 밀려 들어오자 장군은 공격 <u>개시</u> 명령을 내렸다.

뜻 행동이나 일 등을 (처음 , 나중에) 시작함.

1 다음 글 안에 있는 한자의 뜻과 소리를 쓰세요.

> **친구를 찾습니다!**
>
> 안녕하세요, 사랑하는 행복초등학교 학생 여러분!
>
> 저는 이번 ○○회社에서 주최하는 合동 그림 그리기 대會에 함께할 친구를 찾습니다!
>
> 같이 모여서 멋진 작품 활동을 始작해 봐요. 이번 기회가 좋은 추억이 될 거예요. 궁금한
>
> 점은 3학년 3반 班장 이슬기에게 문의해 주세요.

(1) 社 (　　　　　　　　　)　　(2) 合 (　　　　　　　　　)

(3) 會 (　　　　　　　　　)　　(4) 始 (　　　　　　　　　)

(5) 班 (　　　　　　　　　)

2 <보기>의 글자 카드에서 알맞은 글자를 찾아 한자 어휘를 완성하세요.

> 보기
>
> 반　　동　　회　　시　　장　　합

(1) 이번 달은 꼭 잊지 않고 | | 상 | 회 | 에 참여할게요.

(2) 여기에서 강줄기가 하나로 | | 류 | 해서 더 넓은 강이 됩니다.

(3) | 원 | | 시대 동굴 벽화에서 그 당시 사람들의 삶을 엿볼 수 있어.

(4) 세계 각국의 정상들이 | | 담 | 을 통해 세계 평화에 대해 논의했습니다.

3 빈칸에 들어갈 한자 어휘를 <보기>에서 찾아 쓰세요.

> **보기**
>
> 시동   합격   회의   혼합   양반

(1) 고모는 열심히 공부하더니 드디어 시험에 (   )하였다.

(2) 빨강, 노랑, 파랑을 (   )하면 어떤 색이 나올지 알아봅시다.

(3) 서둘러! 엄마가 주차장에서 (   )을/를 켜고 기다리고 계셔.

(4) 오늘은 학급 도서 관리를 누가 어떻게 할지 (   )을/를 해서 정하자.

4 다음 밑줄 친 한자 어휘를 잘못 사용한 친구를 고르세요.   (   )

① 율이: 오늘 체육 시간에 옆 반과 <u>합반</u>해서 피구를 했어.

② 은지: 이번 달리기 <u>회견</u>에서 일 등은 세계 신기록을 기록했대.

③ 인훈: 라이트 형제가 발명한 비행기는 오늘날 사용되는 항공기의 <u>시조</u>였다.

5 다음 글을 읽고 밑줄 친 한자 어휘 중 '社'가 쓰인 것을 모두 찾아 쓰세요.

> 유명한 전자 기업의 김부자 <u>사장</u>이 별세하며 자신의 모든 재산을 <u>사회</u>에 기부하기로 한 사실이 밝혀졌습니다. 이 사실을 알게 된 시민들은 그의 성품을 칭찬했습니다.

(,   )

오늘도 한 뼘 자랐습니다

어휘를 정복하는 한자의 힘

· 정답 및 해설
· 한자 음으로 찾아보기

정답 및 해설

Day 01

11쪽

1 반, 반   2 절반   3 (1) - ㉡, (2) - ㉠   4 ②

> [도움말] 4 '半'이 쓰인 한자 어휘는 '모두 합친 금액의 절반.'이라는 뜻의 '반액'입니다. '반복'은 '어떤 일을 되풀이함.'이라는 뜻으로 '反(돌이킬 반)'이 쓰였습니다.

Day 02

13쪽

1 나눌, 분   2 (1) 분해 (2) 분단   3 ① - ㉡, ② - ㉠   4 ①

> [도움말] 4 '分'이 쓰인 한자 어휘는 '일정한 기준에 따라 전체를 몇 개로 나눔.'이라는 뜻의 '구분'입니다. '분주'는 '몹시 바쁘게 뛰어 다님.'이라는 뜻으로 '奔(달릴 분)'이 쓰였습니다.

Day 03

15쪽

1 셀, 계   2 (1) - ㉡, (2) - ㉠   3 합계   4 ②

> [도움말] 4 '計'가 쓰인 한자 어휘는 '길이나 넓이, 무게 등을 헤아림.'이라는 뜻의 '계측'입니다. '계급'은 '지위, 관직과 같은 단계.'라는 뜻으로 '階(섬돌 계)'가 쓰였습니다.

Day 04

17쪽

1 차례, 제   2 낙제   3 ① - ㉠, ② - ㉡   4 ②

> [도움말] 4 '第'가 쓰인 한자 어휘는 '어떤 일에 조심하여 안전을 기하는 것을 가장 중요하게 여김.'이라는 뜻의 '안전제일'입니다. '형제'는 '형과 남동생.'이라는 뜻으로 '弟(아우 제)'가 쓰였습니다.

Day 05

19쪽

1 차례, 번   2 (1) 매번 (2) 번호   3 당번   4 ②

> [도움말] 4 '番'이 쓰인 한자 어휘는 '차례로 돌아가는 순서.'라는 뜻의 '순번'입니다. '번화'는 '번성하고 화려함.'이라는 뜻으로 '繁(번성할 번)'이 쓰였습니다.

다지기

20~21쪽

1 (1) 나눌 분 (2) 차례 제 (3) 셀 계 (4) 차례 번 (5) 반 반   2 (1) 반숙 (2) 번호 (3) 계획
3 (1) 분업 (2) 과반수 (3) 합계   4 (1) 당번 (2) 분해 (3) 계량   5 당번

> [도움말] 5 '당번'은 '番'이 쓰인 한자 어휘로 '차례'의 뜻이 쓰였습니다. '번화가'는 '번성하여 화려한 거리.'라는 뜻으로 '繁(번성할 번)'이 쓰였습니다. '번잡'은 '번거롭게 뒤섞여 어수선함.'이라는 뜻으로 '煩(번거로울 번)'이 쓰였습니다.

Day 06

25쪽

1 수풀, 림(임) 2 (1) - ㉠, (2) - ㉡ 3 방풍림 4 산과 숲

도움말 4 '임산물'은 '林(수풀 림(임))'이 쓰인 한자 어휘로 '산과 숲에서 나는 목재, 약초 등의 물품.'이라는 뜻입니다.

Day 07

27쪽

1 번개, 전 2 (1) 전구 (2) 충전 3 정전 4 ②

도움말 4 '電'이 쓰인 한자 어휘는 '전기가 흐르는 선.'이라는 뜻의 '전선'입니다. '전시회'는 여러 가지 물품을 차려 놓고 찾아온 사람들에게 보여 주는 모임이나 행사.'라는 뜻으로 '展(펼 전)'이 쓰였습니다.

Day 08

29쪽

1 나무, 수 2 수목원 3 (1) - ㉠, (2) - ㉡ 4 ②

도움말 4 '樹'가 쓰인 한자 어휘는 '잎이 바늘 모양으로 가늘고 뾰족한 나무.'라는 뜻의 '침엽수'입니다. '수출'은 '외국으로 상품이나 기술을 팔아 내보냄.'이라는 뜻으로 '輸(보낼 수)'가 쓰였습니다.

Day 09

31쪽

1 뿌리, 근 2 (1) 근성 (2) 근거 3 (1) - ㉡, (2) - ㉠ 4 ①

도움말 4 '根'이 쓰인 한자 어휘는 '다시 살아날 수 없도록 뿌리째 없애 버림.'이라는 뜻의 '근절'입니다. '근검'은 '부지런하고 검소함.'이라는 뜻으로 '勤(부지런할 근)'이 쓰였습니다.

Day 10

33쪽

1 실과, 과 2 과즙 3 ① - ㉡, ② - ㉠ 4 ②

도움말 4 '果'가 쓰인 한자 어휘는 '어떤 목적을 지닌 행위에 의하여 보람이나 좋은 결과가 드러나는 것.'이라는 뜻의 '효과적'입니다. '과거'는 '지나간 때.'라는 뜻으로 '過(지날 과)'가 쓰였습니다.

다지기

34~35쪽

1 (1) 나무 수 (2) 수풀 림(임) (3) 번개 전 (4) 뿌리 근 (5) 실과 과   2 (1) ❶ 충전 ❷ 전류 (2) ❶ 과실 ❷ 과즙   3 (1) - ㉡, (2) - ㉠   4 (1) 과연 (2) 근본 (3) 전구   5 근성

도움말 5 '근성'은 '根'이 쓰인 한자 어휘로 '뿌리'의 뜻이 쓰였습니다. '근면'은 '성실하고, 부지런히 일함.'이라는 뜻으로 '勤(부지런할 근)'이 쓰였습니다. '최근'은 '얼마 되지 않은 지난날부터 현재까지의 기간.'이라는 뜻으로 '近(가까울 근)'이 쓰였습니다.

Day 11 39쪽	**1** 지아비, 부	**2** 농부	**3** (1) 제부 (2) 부부	**4** ②

도움말 **4** '夫'가 쓰인 한자 어휘는 '건장하고 씩씩한 사내.'라는 뜻의 '대장부'입니다. '부인'는 '어떤 내용이나 사실을 옳거나 그러하다고 인정하지 않음.'이라는 뜻으로 '否(아닐 부)'가 쓰였습니다.

Day 12 41쪽	**1** 할아버지, 조	**2** (1) 조상 (2) 조국	**3** 조부모	**4** 손주

도움말 **4** '조손'은 '祖(할아버지 조)'가 쓰인 한자 어휘로 '할아버지, 할머니와 손주.'라는 뜻입니다.

Day 13 43쪽	**1** 손자, 손	**2** 후손	**3** (1) 외손 (2) 자손	**4** ①

도움말 **4** '孫'이 쓰인 한자 어휘는 '종가의 대를 이을 맏손자.'라는 뜻의 '종손'입니다. '손해'는 '물질적으로나 정신적으로 밑짐.'이라는 뜻으로 '損(덜 손)'이 쓰였습니다.

Day 14 45쪽	**1** 겨레, 족	**2** (1) 족보 (2) 민족	**3** (1) - ⓛ, (2) - ㉠	**4** ①

도움말 **4** '族'이 쓰인 한자 어휘는 '한반도와 그에 딸린 섬에서 예로부터 살아온, 우리나라의 중심이 되는 민족.'이라는 뜻의 '한민족'입니다. '족적'은 '지나온 과거를 비유적으로 이르는 말.'이라는 뜻으로 '足(발 족)'이 쓰였습니다.

Day 15 47쪽	**1** 예도, 례(예)	**2** (1) - ⓛ, (2) - ㉠	**3** 제례	**4** ①

도움말 **4** '禮'가 쓰인 한자 어휘는 '사람이 지켜야 할 예절과 의리.'라는 뜻의 '예의'입니다. '예외'는 '일반적인 규칙이나 예에서 벗어나는 일.'이라는 뜻으로 '例(법식 례)'가 쓰였습니다.

다지기 48~49쪽	**1** (1) 겨레 족 (2) 할아버지 조 (3) 손자 손 (4) 예도 례(예) (5) 지아비 부 **2** ① 혼례 ② 동족 ③ 후손 ④ 제부 ⑤ 조국 **3** (1) 선조 (2) 부인 (3) 조부모 (4) 외손 **4** ③ **5** 족

도움말 **4** ③에서는 '결례'가 아닌 '예의에 관한 모든 절차나 질서.'라는 뜻의 '예절'이 쓰여야 합니다.
5 세 한자 어휘의 뜻풀이 안에 '겨레, 가문, 무리'의 뜻이 있으므로 '族(겨레 족)'이 공통으로 들어갑니다.

Day 16

53쪽

1 사람, 자   2 (1) - ㉠, (2) - ㉡   3 기자   4 ①

도움말 4 '者'가 쓰인 한자 어휘는 '어떤 일이나 사상에서 다른 사람보다 앞선 사람.'이라는 뜻의 '선구자'입니다. '자식'은 '부모가 낳은 아이를, 그 부모에 상대하여 이르는 말.'이라는 뜻으로 '子(아들 자)'가 쓰였습니다.

Day 17

55쪽

1 믿을, 신   2 신조   3 (1) 믿는 (2) 소식   4 ②

도움말 4 '信'이 쓰인 한자 어휘는 '믿음과 의리를 아울러 이르는 말.'이라는 뜻의 '신의'입니다. '신중'은 '매우 조심스러움.'이라는 뜻으로 '愼(삼갈 신)'이 쓰였습니다.

Day 18

57쪽

1 친할, 친   2 친근   3 (1) 친척 (2) 친절   4 ②

도움말 4 '친숙'은 '親(친할 친)'이 쓰인 한자 어휘로 '친하여 익숙하고 허물이 없음.'이라는 뜻입니다.

Day 19

59쪽

1 재주, 재   2 (1) - ㉡, (2) - ㉠   3 (1) 재주나 재능 (2) 말씨   4 ②

도움말 4 '才'가 쓰인 한자 어휘는 '재주와 도량.'이라는 뜻의 '재량'입니다. '재료'는 '물건을 만드는 데 쓰이는 것.'이라는 뜻으로 '材(재목 재)'가 쓰였습니다.

Day 20

61쪽

1 재주, 술   2 (1) - ㉠, (2) - ㉡   3 예술   4 ①

도움말 4 '術'이 쓰인 한자 어휘는 '무도에 관한 기술.'이라는 뜻의 '무술'입니다. '서술'에는 '사건이나 생각 등을 논리나 순서에 따라 말하거나 적음.'이라는 뜻으로 '述(펼 술)'이 쓰였습니다.

다지기

62~63쪽

1 (1) 친할 친 (2) 믿을 신 (3) 재주 재 (4) 재주 술 (5) 사람 자   2 ❶ 예술 ❷ 기자 ❸ 기술 ❹ 약자   3 (1) 신념 (2) 재능 (3) 승자   4 마술사   5 병자

도움말 5 '병자'는 '者'가 쓰인 한자 어휘로 '사람'의 뜻이 쓰였습니다. '자신'은 '그 사람의 몸 또는 바로 그 사람을 이르는 말.'이라는 뜻으로 '自(스스로 자)'가 쓰였습니다. '자비'는 '남을 깊이 사랑하고 가엾게 여김.'이라는 뜻으로 '慈(사랑 자)'가 쓰였습니다.

Day 21

67쪽

1 때, 시　　　2 (1) - ⓛ, (2) - ㉠　　　3 즉시　　　4 ①

도움말　4 '時'가 쓰인 한자 어휘는 '시간을 재거나 시각을 나타내는 기계.'라는 뜻의 '시계'입니다. '시작'은 '어떤 일이나 행동의 처음 단계를 이루거나 그렇게 하게 함, 또는 그 단계.'라는 뜻으로 '始(비로소 시)'가 쓰였습니다.

Day 22

69쪽

1 아침, 조　　　2 (1) 조조 (2) 조회　　　3 (1) 아침 (2) 왕　　　4 ①

도움말　4 '朝'가 쓰인 한자 어휘는 '아침밥.'이라는 뜻의 '조식'입니다. '조명'은 '무대나 사진 촬영의 대상에 빛을 비춤, 또는 그 빛.'이라는 뜻으로 '照(비칠 조)'가 쓰였습니다.

Day 23

71쪽

1 낮, 주　　　2 주간　　　3 (1) 백주 (2) 주야　　　4 ①

도움말　4 '晝'가 쓰인 한자 어휘는 '밤낮으로 쉬지 않고 연달아.'라는 뜻의 '주야장천'입니다. '동분서주'는 '동쪽으로 뛰고 서쪽으로 뛴다는 뜻으로, 사방으로 이리저리 몹시 바쁘게 돌아다님을 이르는 말.'로 '走(달릴 주)'가 쓰였습니다.

Day 24

73쪽

1 낮, 오　　　2 오후　　　3 ① - ㉠, ② - ⓛ　　　4 낮

도움말　4 '오수'는 '午(낮 오)'가 쓰인 한자 어휘로 '낮에 자는 잠.'이라는 뜻입니다.

Day 25

75쪽

1 저녁, 석　　　2 (1) - ㉠, (2) - ⓛ　　　3 (1) 저녁 (2) 저녁　　　4 ①

도움말　4 '夕'이 쓰인 한자 어휘는 '매일 저녁때에 발행되는 신문.'이라는 뜻의 '석간'입니다. '비석'은 '돌로 만든 비.'라는 뜻으로 '石(돌 석)'이 쓰였습니다.

다지기

76~77쪽

1 (1) 아침 조 (2) 낮 주 (3) 낮 오 (4) 때 시 (5) 저녁 석　　　2 ① 주간 ② 조간 ③ 석찬 ④ 시대 ⑤ 시기　　　3 (1) 석식 (2) 조석 (3) 오찬　　　4 (1) 주야 (2) 즉시 (3) 왕조　　　5 오전, 정오

도움말　5 '오전', '정오'는 '午'가 쓰인 한자 어휘로 '낮'의 뜻이 쓰였습니다. '오염'은 '더러워짐.'이라는 뜻으로 '汚(더러울 오)'가 쓰였습니다.

Day 26	**1** 바를, 정	**2** (1) 정확 (2) 정답	**3** (1) 정각 (2) 정자	**4** ②

81쪽

도움말 **4** '正'이 쓰인 한자 어휘는 '이치에 맞아 올바르고 마땅함.'이라는 뜻의 '정당'입니다. '정원'은 '집 안에 있는 뜰이나 꽃밭.'이라는 뜻으로 '庭(뜰 정)'이 쓰였습니다.

Day 27	**1** 곧을, 직	**2** (1) 직접 (2) 직진	**3** 직전	**4** 곧은

83쪽

도움말 **4** '직선'은 '直(곧을 직)'이 쓰인 한자 어휘로 '꺾이거나 굽은 데가 없는 곧은 선.'이라는 뜻입니다.

Day 28	**1** 공평할, 공	**2** (1) - ㉡, (2) - ㉠	**3** 공평	**4** ①

85쪽

도움말 **4** '公'이 쓰인 한자 어휘는 '공평하고 올바름.'이라는 뜻의 '공정'입니다. '공동'에는 '둘 이상의 사람이나 단체가 함께 일을 하거나, 같은 자격으로 관계를 가짐.'이라는 뜻으로 '共(한가지 공)'이 쓰였습니다.

Day 29	**1** 평평할, 평	**2** 평행	**3** (1) - ㉡, (2) - ㉠	**4** ②

87쪽

도움말 **4** '平'이 쓰인 한자 어휘는 '지표면이 평평하고 넓은 들.'이라는 뜻의 '평야'입니다. '평가'는 '사물의 가치나 수준 따위를 헤아려 정함, 또는 그 가치나 수준.'이라는 뜻으로 '評(평할 평)'이 쓰였습니다.

Day 30	**1** 이로울, 리(이)	**2** (1) 이용 (2) 이자	**3** (1) 예리 (2) 이득	**4** ①

89쪽

도움말 **4** '利'가 쓰인 한자 어휘는 '편하고 이로우며 이용하기 쉬움.'이라는 뜻의 '편리'입니다. '거리'는 '두 개의 물건이나 장소 따위가 공간적으로 떨어진 길이.'라는 뜻으로 '離(떠날 리(이))'가 쓰였습니다.

다지기	**1** (1) 바를 정 (2) 곧을 직 (3) 공평할 공 (4) 평평할 평 (5) 이로울 리(이) **2** (1) ❶ 직전 ❷ 직진 (2) ❶ 정자 ❷ 이자 **3** (1) - ㉡, (2) - ㉠ (3) - ㉣ (4) - ㉢ **4** ③ **5** 공연, 공지

90~91쪽

도움말 **4** ③에서는 '공평'이 아닌 '어느 한쪽으로 치우쳐 공정하지 않음.'이라는 뜻의 '불공평'이 쓰여야 합니다.

5 '공연', '공지'는 '公'이 쓰인 한자 어휘로 '공평함, 공정'의 뜻이 쓰였습니다. '공석'은 '사람이 앉지 않아 비어 있는 자리.'라는 뜻으로 '空(빌 공)'이 쓰였습니다.

Day 31

95쪽

1 따뜻할, 온   2 온수   3 온천   4 ①

도움말 4 '기온'은 '溫(따뜻할 온)'이 쓰인 한자 어휘로 '대기의 온도.'라는 뜻입니다.

Day 32

97쪽

1 클, 태   2 (1) 태평양 (2) 태양   3 ① - ㉡, ② - ㉠   4 ②

도움말 4 '太'가 쓰인 한자 어휘는 '아득한 옛날.'이라는 뜻의 '태고'입니다. '태도'는 '어떤 일이나 상황을 대하는 마음가짐.'이라는 뜻으로 '態(모습 태)'가 쓰였습니다.

Day 33

99쪽

1 느낄, 감   2 (1) 감각 (2) 감상문   3 (1) 감동 (2) 감사   4 ①

도움말 4 '感'이 쓰인 한자 어휘는 '마음속 깊이 크게 느낌.'이라는 뜻의 '감탄'입니다. '감소'는 '양이나 수치가 줆.'이라는 뜻으로 '減(덜 감)'이 쓰였습니다.

Day 34

101쪽

1 사랑, 애   2 (1) - ㉡, (2) - ㉠   3 애정   4 ②

도움말 4 '愛'가 쓰인 한자 어휘는 '자기 나라를 사랑함.'이라는 뜻의 '애국'입니다. '애원'은 '소원이나 요구를 들어 달라고 애처롭게 사정하여 간절히 바람.'이라는 뜻으로 '哀(슬플 애)'가 쓰였습니다.

Day 35

103쪽

1 매양, 매   2 매년   3 (1) - ㉡, (2) - ㉠   4 ①

도움말 4 '每'가 쓰인 한자 어휘는 '한 달 한 달.'이라는 뜻의 '매월'입니다. '구매'는 '물건 등을 사들임.'이라는 뜻으로 '買(살 매)'가 쓰였습니다.

다지기

104~105쪽

1 (1) 따뜻할 온 (2) 클 태 (3) 사랑 애 (4) 느낄 감 (5) 매양 매   2 (1) 애용 (2) 태양 (3) 기온 (4) 감각   3 (1) 온수 (2) 우애 (3) 매사   4 (1) 온도 (2) 체온 (3) 애완   5 감상문, 감동

도움말 5 '감상문'과 '감동'은 '感'이 쓰인 한자 어휘로, '느낌'의 뜻이 쓰였습니다. '감점'은 '점수가 깎임.'이라는 뜻으로 '減(덜 감)'이 쓰였습니다.

Day 36

109쪽

1 바, 소   2 소용   3 (1) - ⓒ, (2) - ㉠   4 ①

도움말 4 '所'가 쓰인 한자 어휘는 '자기의 것으로 지니어 간직함.'이라는 뜻의 '소장'입니다. '소인'은 '나이가 어린 사람.'이라는 뜻으로 '小(작을 소)'가 쓰였습니다.

Day 37

111쪽

1 각각, 각   2 (1) 각각 (2) 각종   3 (1) 각국 (2) 각별   4 ①

도움말 4 '各'이 쓰인 한자 어휘는 '각 지방, 또는 여러 곳.'이라는 뜻의 '각지'입니다. '각오'는 '앞으로 해야 할 일이나 겪을 일에 대한 마음의 준비.'라는 뜻으로 '覺(깨달을 각)'이 쓰였습니다.

Day 38

113쪽

1 겉, 표   2 (1) - ㉠, (2) - ⓒ   3 표면   4 겉장

도움말 4 '표지'는 '表(겉 표)'가 쓰인 한자 어휘로 '책의 맨 앞뒤의 겉장.'이라는 뜻입니다.

Day 39

115쪽

1 등급, 급   2 (1) 체급 (2) 등급 (3) 학급   3 고급   4 ②

도움말 4 '級'이 쓰인 한자 어휘는 '기술 따위를 우열에 따라 매긴 등급.'이라는 뜻의 '급수'입니다. '급식'은 '식사를 공급함. 또는 그 식사.'라는 뜻으로 '給(줄 급)'이 쓰였습니다.

Day 40

117쪽

1 자리, 석   2 (1) 방석 (2) 출석   3 (1) 좌석 (2) 참석   4 ①

도움말 4 '席'이 쓰인 한자 어휘는 '나가야 할 자리에 나가지 않음.'이라는 뜻의 '결석'입니다. '보석'에는 '아주 단단하고 빛깔과 광택이 아름다우며 희귀한 광물.'이라는 뜻으로 '石(돌 석)'이 쓰였습니다.

다지기

118~119쪽

1 (1) 겉 표 (2) 등급 급 (3) 바 소 (4) 각각 각 (5) 자리 석   2 ❶ 각지 ❷ 표현 ❸ 각종 ❹ 표지
3 (1) - ⓒ, (2) - ㉣, (3) - ⓒ, (4) - ㉠   4 (1) 참석 (2) 표정 (3) 각국   5 표현, 발표

도움말 5 '표현', '발표'는 '表'가 쓰인 한자 어휘로 '겉, 드러냄.'의 뜻이 쓰였습니다. '표류'는 '정처 없이 돌아다님.'이라는 뜻으로 '漂(떠다닐 표)'가 쓰였습니다.

Day 41

123쪽

1 길, 도   2 철도   3 (1) 수도 (2) 효도   4 ①

도움말 4 '道'가 쓰인 한자 어휘는 '행성, 혜성, 인공위성 등이 중력의 영향을 받아 다른 천체의 둘레를 돌면서 그리는 곡선의 길.'이라는 뜻의 '궤도'입니다. '수도'는 '한 나라의 중앙 정부가 있는 도시.'라는 뜻으로 '都(도읍 도)'가 쓰였습니다.

Day 42

125쪽

1 길, 로(노)   2 (1) - ⓒ, (2) - ⑤   3 경로   4 ②

도움말 4 '路'가 쓰인 한자 어휘는 '두 길이 엇갈린 곳, 또는 엇갈린 길.'이라는 뜻의 '교차로'입니다. '연로'는 '나이가 많음.'이라는 뜻으로 '老(늙을 로(노))'가 쓰였습니다.

Day 43

127쪽

1 공, 공   2 (1) - ⑤, (2) - ⓒ   3 (1) 은공 (2) 공로   4 ①

도움말 4 '功'이 쓰인 한자 어휘는 '노력과 수고를 들여 이루어 낸 일의 결과.'라는 뜻의 '공적'입니다. '공통'은 '둘 또는 그 이상의 여럿 사이에 두루 통하고 관계됨.'이라는 뜻으로 '共(한가지 공)'이 쓰였습니다.

Day 44

129쪽

1 한가지, 공   2 (1) 공생 (2) 공동   3 (1) - ⑤, (2) - ⓒ   4 ①

도움말 4 '공용'은 '共(한가지 공)'이 쓰인 한자 어휘로 '함께 씀, 또는 그런 물건.'이라는 뜻입니다.

Day 45

131쪽

1 지경, 계   2 (1) 한계 (2) 경계   3 외계   4 ①

도움말 4 '界'가 쓰인 한자 어휘는 '학문 연구 및 저술에 종사하는 학자들의 활동 분야.'라는 뜻의 '학계'입니다. '단계'는 '일의 차례를 따라 나아가는 과정.'이라는 뜻으로 '階(섬돌 계)'가 쓰였습니다.

다지기

132~133쪽

1 (1) 길 도 (2) 지경 계 (3) 한가지 공 (4) 길 로(노) (5) 공 공   2 ① 진로 ② 은공 ③ 공동 ④ 경계   3 (1) 효도 (2) 공로 (3) 외계   4 (1) 세계 (2) 노선 (3) 공적   5 공존, 공통점

도움말 5 '공존'과 '공통점'은 '共'이 쓰인 한자 어휘로, '한가지'의 뜻이 쓰였습니다. '공부'는 '학문이나 기술을 배우고 익힘.'이라는 뜻으로 '工(장인 공)'이 쓰였습니다.

Day 46

137쪽

1 나눌, 반   2 (1) 반장 (2) 반상회   3 (1) - ㉠, (2) - ㉡   4 ②

도움말 4 '班'이 쓰인 한자 어휘는 '두 학급 이상이 합침. 또는 그렇게 만든 반.'이라는 뜻의 '합반'입니다. '반대'는 '두 사물이 모양, 위치, 방향, 순서가 등지거나 서로 맞섬.'이라는 뜻으로 '反(돌이킬 반)'이 쓰였습니다.

Day 47

139쪽

1 합할, 합   2 (1) 혼합 (2) 합류   3 (1) 합동 (2) 합격   4 ②

도움말 4 '합창'은 '合(합할 합)'이 쓰인 한자 어휘로 '여러 사람이 목소리를 맞추어서 노래를 부름, 또는 그 노래.'라는 뜻입니다.

Day 48

141쪽

1 모일, 사   2 (1) 결사 (2) 회사 (3) 사회   3 사장   4 ②

도움말 4 '社'가 쓰인 한자 어휘는 '여러 사람과 쉽게 잘 사귀는 것.'이라는 뜻의 '사교적'입니다. '사고'는 '뜻밖에 일어난 불행한 일.'이라는 뜻으로 '事(일 사)'가 쓰였습니다.

Day 49

143쪽

1 모일, 회   2 (1) 회담 (2) 대회   3 ① - ㉡, ② - ㉠   4 ①

도움말 4 '會'가 쓰인 한자 어휘는 '일정한 절차를 거쳐서 서로 만나 의견이나 견해를 밝힘, 또는 그런 모임.'이라는 뜻의 '회견'입니다. '회복'은 '원래의 상태로 돌이키거나 원래의 상태를 되찾음.'이라는 뜻으로 '回(돌아올 회)'가 쓰였습니다.

Day 50

145쪽

1 비로소, 시   2 (1) 시동 (2) 시작   3 (1) - ㉡, (2) - ㉠   4 처음

도움말 4 '개시'는 '始(비로소 시)'가 쓰인 한자 어휘로 '행동이나 일 등을 처음 시작함.'이라는 뜻입니다.

다지기

146~147쪽

1 (1) 모일 사 (2) 합할 합 (3) 모일 회 (4) 비로소 시 (5) 나눌 반   2 (1) 반상회 (2) 합류 (3) 원시 (4) 회담   3 (1) 합격 (2) 혼합 (3) 시동 (4) 회의   4 ②   5 사장, 사회

도움말 4 ②에서는 '회견'이 아닌 '기술이나 재주를 겨루는 큰 모임, 큰 모임이나 회의.'라는 뜻의 '대회'가 쓰여야 합니다.
5 '사장', '사회'는 '社'가 쓰인 한자 어휘로 '모이다, 단체'의 뜻이 쓰였습니다. '사실'은 '실제로 있었던 일이나 현재에 있는 일.'이라는 뜻으로 '事(일 사)'가 쓰였습니다.

특별
부록

한자
쓰기

필순에 맞춰 멋지게 써 보자!

한자를 쓰는 순서, 필순을 알면 쉬워요

한자의 필순(筆順)이란 한자를 쓰는 순서를 말해요. 필순을 지켜서 한자를 쓰면 쓰기도 편하고 모양도 아름답습니다. 다음은 한자의 기본적인 필순 규칙이에요. 이를 모두 외울 필요는 없습니다. 가볍게 살펴보고 시작하세요. 각 한자마다 제시된 획순에 맞게 쓰다 보면 자연스럽게 익혀집니다.

1. 위쪽에 있는 획부터 쓴다.

2. 왼쪽에 있는 획부터 쓴다.

3. 가로획과 세로획이 만날 경우 가로획을 먼저 쓴다.

4. 좌우 모양이 같을 때는 가운데를 먼저 쓰고, 왼쪽 오른쪽의 순서로 쓴다.

5. 바깥 둘레가 있는 글자는 바깥을 먼저 쓰고 안을 나중에 쓴다.

6. 삐침(丿)과 파임(乀)이 만날 때에는 삐침 먼저 쓴다.

7. 가운데를 꿰뚫는 획은 나중에 쓴다.

8. '辶'은 맨 마지막에 쓴다.

▶ 한자의 훈과 음을 소리 내며 한자를 쓰세요.

1　반 **반**

半 半 半 半 半

2　나눌 **분**

分 分 分 分

3　셀 **계**

計 計 計 計 計 計 計 計 計

다음 한자의 훈과 음을 쓰고, 그 한자가 들어간 한자 어휘를 두 개 이상 써 보세요.

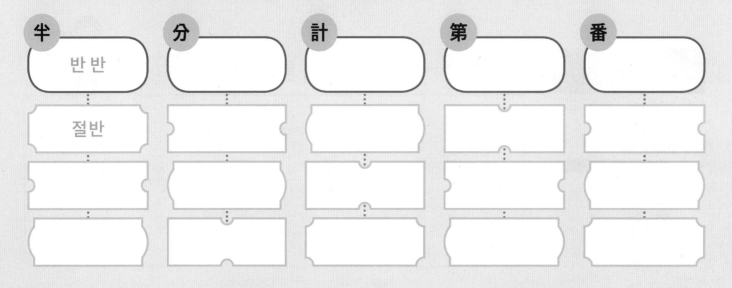

▶ 한자의 훈과 음을 소리 내며 한자를 쓰세요.

6	수풀 림

林 林 林 林 林 林 林 林

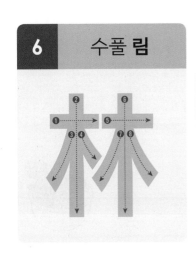

林	林	林		

7	번개 전

電 電 電 電 電 電 電 電 電 電 電 電 電

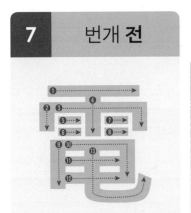

電	電	電		

8	나무 수

樹 樹 樹 樹 樹 樹 樹 樹 樹 樹 樹 樹 樹 樹 樹

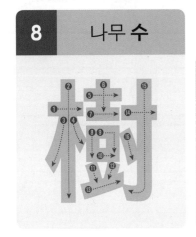

樹	樹	樹		

9 뿌리 **근**

根根根根根根根根根根

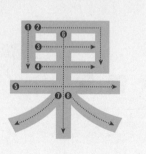

根 | 根 | 根 | | |
| | | | |

10 실과 **과**

果果果果果果果果

果 | 果 | 果 | | |
| | | | |

 정복 어휘!

다음 한자의 훈과 음을 쓰고, 그 한자가 들어간 한자 어휘를 두 개 이상 써 보세요.

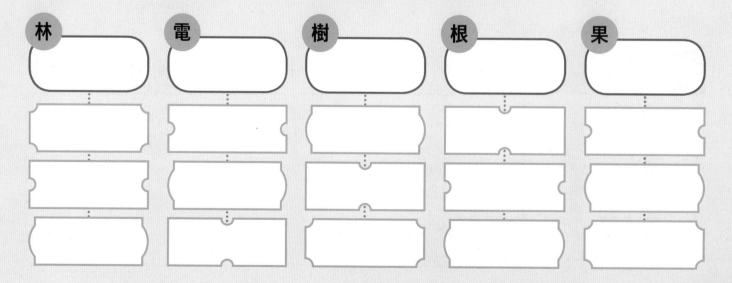

林   電   樹   根   果

▶ 한자의 훈과 음을 소리 내며 한자를 쓰세요.

| 11 지아비 **부** | 夫 夫 夫 夫 |

| 12 할아버지 **조** | 祖祖祖祖祖祖祖祖祖祖 |

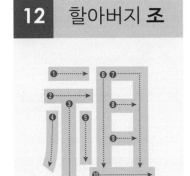

| 13 손자 **손** | 孫孫孫孫孫孫孫孫孫孫 |

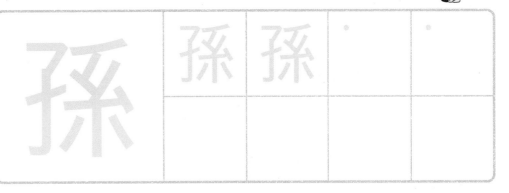

14 겨레 **족**

族族族族族族族族族族族

15 예도 **례**

禮禮禮禮禮禮禮禮禮禮禮禮禮禮禮
禮禮

정복 어휘!

다음 한자의 훈과 음을 쓰고, 그 한자가 들어간 한자 어휘를 두 개 이상 써 보세요.

夫　　　祖　　　孫　　　族　　　禮

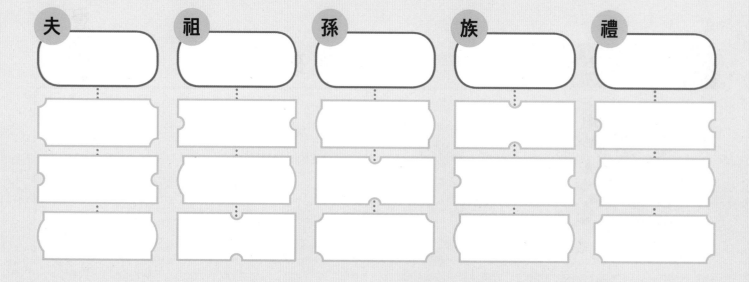

▶ 한자의 훈과 음을 소리 내며 한자를 쓰세요.

16	사람 **자**

者 者 者 者 者 者 者 者 者

17	믿을 **신**

信 信 信 信 信 信 信 信 信

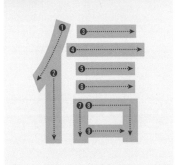

18	친할 **친**

親 親 親 親 親 親 親 親 親 親 親 親 親 親 親 親

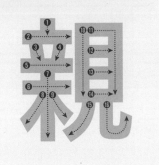

| 19 | 재주 **재** | 才 才 才 |

才 | 才 | 才 | · | ·

| 20 | 재주 **술** | 術 術 術 術 術 術 術 術 術 術 術 |

術 | 術 | 術 | · | ·

 정복 어휘!

다음 한자의 훈과 음을 쓰고, 그 한자가 들어간 한자 어휘를 두 개 이상 써 보세요.

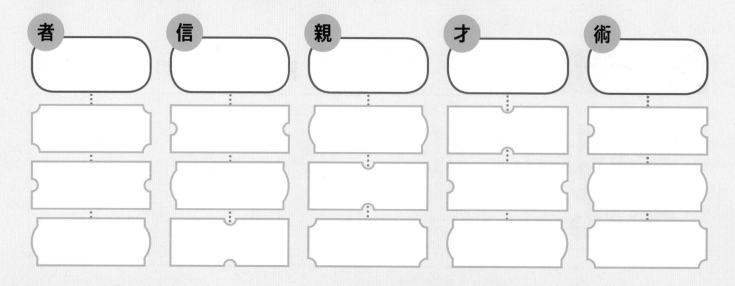

者   信   親   才   術

▶ 한자의 훈과 음을 소리 내며 한자를 쓰세요.

21 때 시

時 時 時 時 時 時 時 時 時 時

22 아침 조

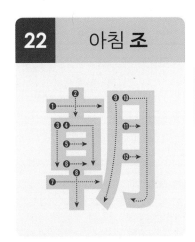

朝 朝 朝 朝 朝 朝 朝 朝 朝 朝 朝 朝

23 낮 주

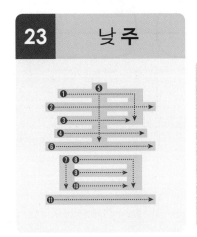

晝 晝 晝 晝 晝 晝 晝 晝 晝 晝 晝

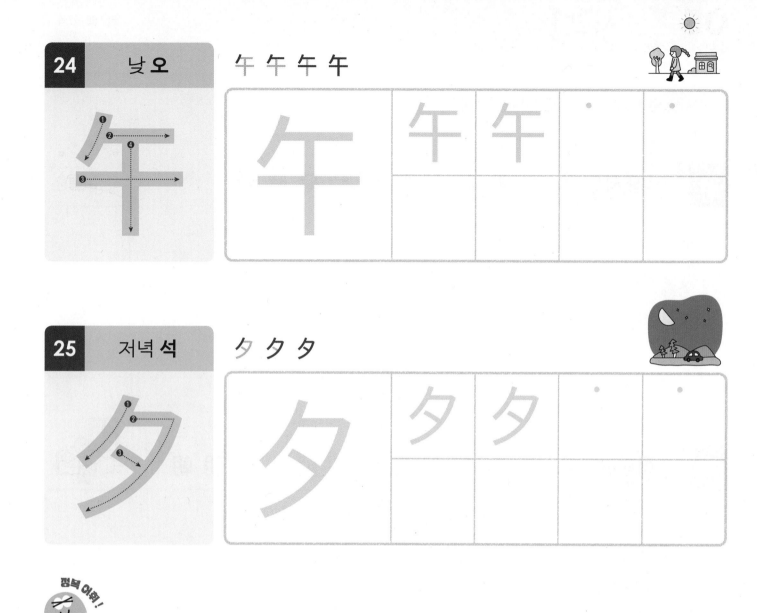

24 낮 **오**

午 午 午 午

25 저녁 **석**

夕 夕 夕

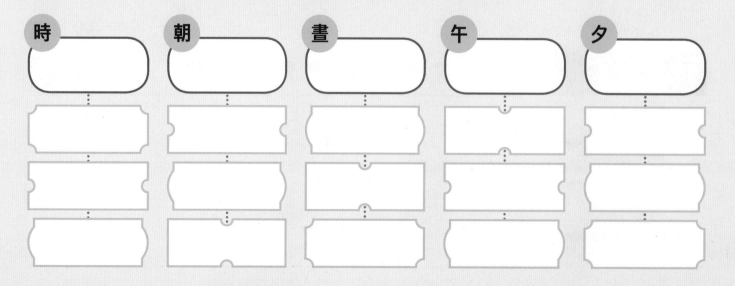

다음 한자의 훈과 음을 쓰고, 그 한자가 들어간 한자 어휘를 두 개 이상 써 보세요.

時　　朝　　晝　　午　　夕

▶ 한자의 훈과 음을 소리 내며 한자를 쓰세요.

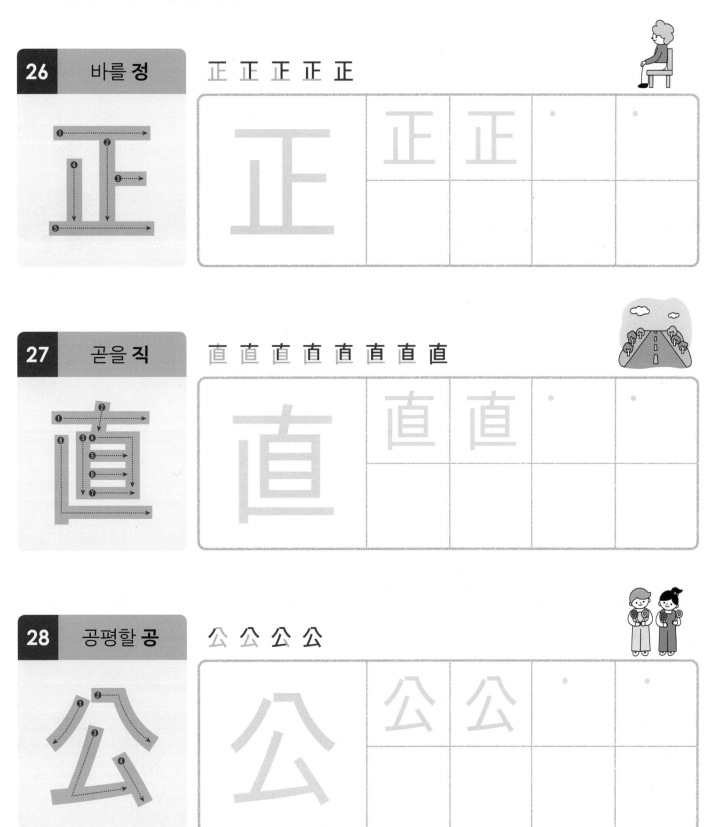

| 26 | 바를 **정** | 正 正 正 正 正 |

正 | 正 | 正 | · | ·

| 27 | 곧을 **직** | 直 直 直 直 直 直 直 直 |

直 | 直 | 直 | · | ·

| 28 | 공평할 **공** | 公 公 公 公 |

公 | 公 | 公 | · | ·

29	평평할 **평**

平平平平平

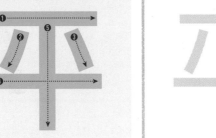

平	平	平	·	·

30	이로울 **리**

利利利利利利利

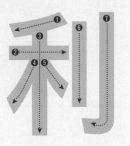

利	利	利	·	·

 정복 어휘!

다음 한자의 훈과 음을 쓰고, 그 한자가 들어간 한자 어휘를 두 개 이상 써 보세요.

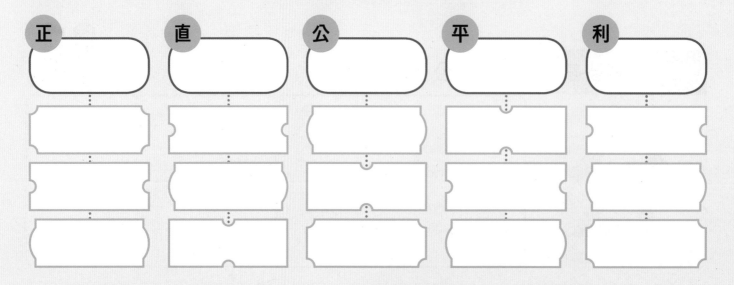

▶ 한자의 훈과 음을 소리 내며 한자를 쓰세요.

31	따뜻할 온

溫 溫 溫 溫 溫 溫 溫 溫 溫 溫 溫 溫 溫

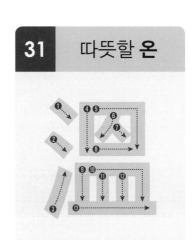

32	클 태

太 太 太 太

33	느낄 감

感 感 感 感 感 感 感 感 感 感 感 感 感

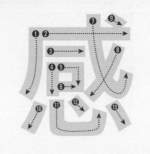

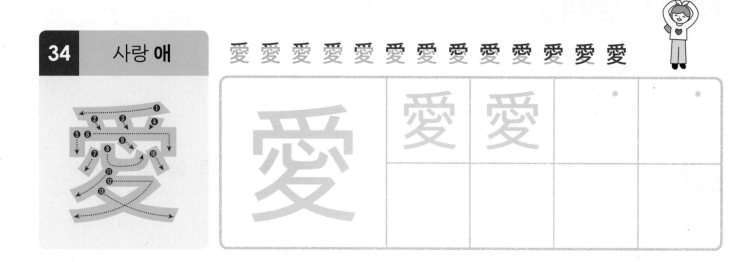

34 사랑 애 愛 愛 愛 愛 愛 愛 愛 愛 愛 愛 愛 愛 愛

35 매양 매 每 每 每 每 每 每 每

다음 한자의 훈과 음을 쓰고, 그 한자가 들어간 한자 어휘를 두 개 이상 써 보세요.

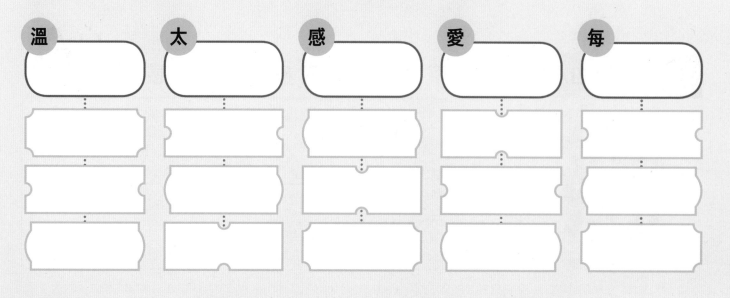

溫   太   感   愛   每

▶ 한자의 훈과 음을 소리 내며 한자를 쓰세요.

36	바 소

所 所 所 所 所 所 所 所

37	각각 각

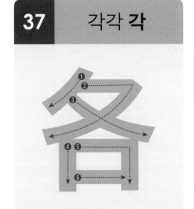

各 各 各 各 各 各

38	겉 표

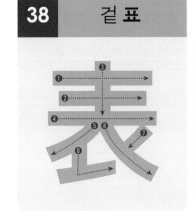
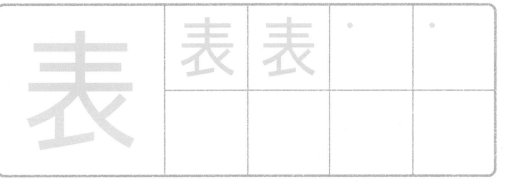

表 表 表 表 表 表 表 表

39 등급 **급**

級 級 級 級 級 級 級 級 級 級

級 級 級

40 자리 **석**

席 席 席 席 席 席 席 席 席 席

席 席 席

다음 한자의 훈과 음을 쓰고, 그 한자가 들어간 한자 어휘를 두 개 이상 써 보세요.

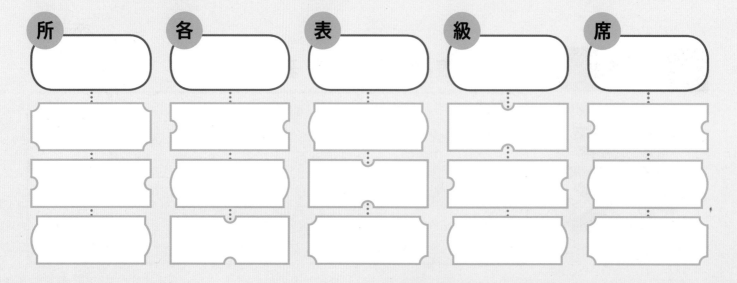

所　　各　　表　　級　　席

▶ 한자의 훈과 음을 소리 내며 한자를 쓰세요.

41 길 **도**

道 道 道 道 道 道 道 道 道 道 道 道 道

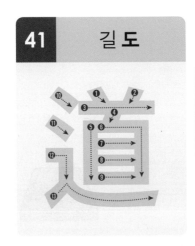

道	道	道		

42 길 **로**

路 路 路 路 路 路 路 路 路 路 路 路 路

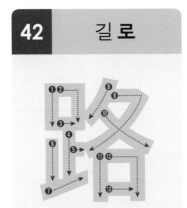

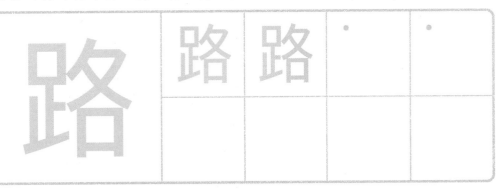

路	路	路		

43 공 **공**

功 功 功 功 功

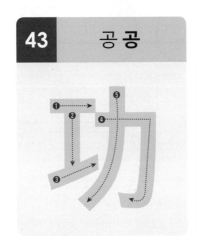

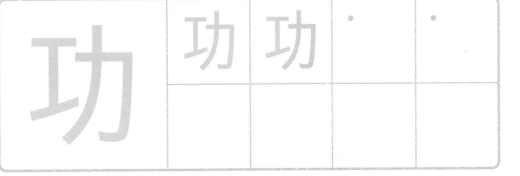

功	功	功		

44 한가지 **공**

共 共 共 共 共 共

45 지경 **계**

界 界 界 界 界 界 界 界 界

정복 어휘!

다음 한자의 훈과 음을 쓰고, 그 한자가 들어간 한자 어휘를 두 개 이상 써 보세요.

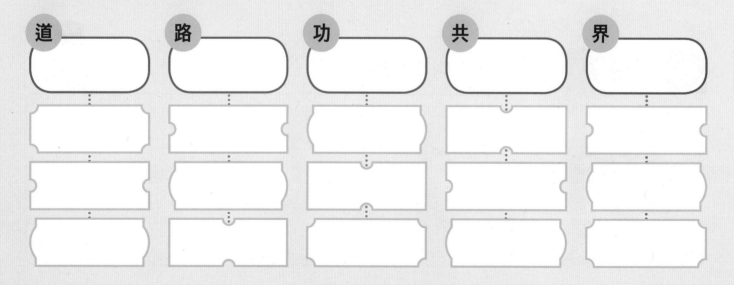

道   路   功   共   界

▶ 한자의 훈과 음을 소리 내며 한자를 쓰세요.

46	나눌 **반**

班 班 班 班 班 班 班 班 班 班

| 班 | 班 | 班 | | |

47	합할 **합**

合 合 合 合 合 合

| 合 | 合 | 合 | | |

48	모일 **사**

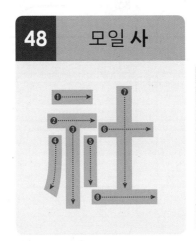

社 社 社 社 社 社 社 社

| 社 | 社 | 社 | | |

49 모일 **회**

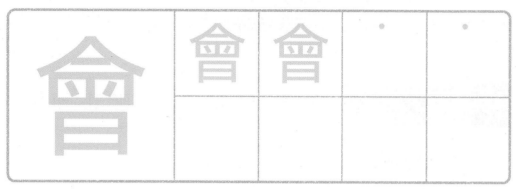

50 비로소 **시**

始 始 始 始 始 始 始 始

처음이라 떨려요.

다음 한자의 훈과 음을 쓰고, 그 한자가 들어간 한자 어휘를 두 개 이상 써 보세요.

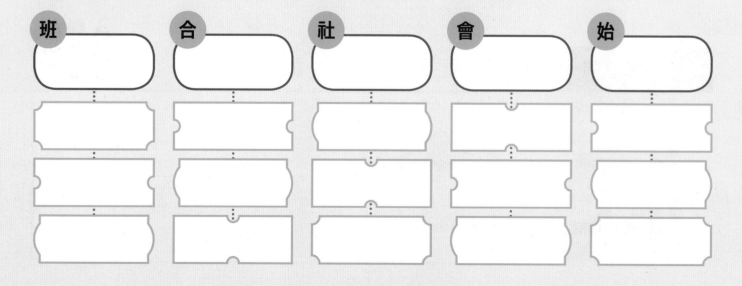

班   合   社   會   始

지은이 기적학습연구소

"혼자서 작은 산을 넘는 아이가 나중에 큰 산도 넘습니다"

본 연구소는 아이들이 혼자서 큰 산까지 넘을 수 있는 힘을 키워 주고자 합니다.
아이들의 연령에 맞게 학습의 산을 작게 만들어 혼자서도 쉽게 넘을 수 있게 만듭니다.
때로는 작은 고난도 경험하게 하여 성취감도 맛보게 합니다.
그리고 아이들에게 실제로 적용해서 검증을 통해 차근차근 책을 만들어 갑니다.
아이가 주인공인 기적학습연구소 [국어과]의 대표적 저작물은 <기적의 독해력>, <기적의 독서 논술>,
<4주 만에 완성하는 바른 글씨>, <30일 완성 한글 총정리> 등이 있습니다.

어휘를 정복하는 한자의 힘 · 4권

초판 발행 2023년 12월 18일

지은이 기적학습연구소
발행인 이종원
발행처 길벗스쿨
출판사 등록일 2006년 6월 16일
주소 서울시 마포구 월드컵로 10길 56(서교동 467-9)
대표 전화 02)332-0931   **팩스** 02)333-5409
홈페이지 www.gilbutschool.co.kr   **이메일** gilbut@gilbut.co.kr

기획 이경은(hey2892@gilbut.co.kr)   **편집 진행** 최지현, 박은숙, 유명희, 임소연
제작 이준호, 이진혁, 김우식   **영업마케팅** 문세연, 박다슬   **웹마케팅** 박달님, 이재윤
영업관리 김명자, 정경화   **독자지원** 윤정아

디자인 퍼플페이퍼 정보라   **일러스트** 성하루
전산 편집 린 기획   **인쇄 및 제본** 상지사피앤비

ISBN 979-11-6406-615-5(길벗스쿨 도서번호 10901)
정가 14,000원

독자의 1초를 아껴주는 정성 **길벗출판사** ....

길벗스쿨 국어학습서, 수학학습서, 유아콘텐츠유닛, 주니어어학 1/2, 어린이교양 1/2, 교과서, 길벗스쿨콘텐츠유닛
길벗 IT실용서, IT/일반 수험서, IT전문서, 어학단행본, 어학수험서, 경제실용서, 취미실용서, 건강실용서, 자녀교육서
더퀘스트 인문교양서, 비즈니스서